中华优秀传统文化思想的当代价值

王淑贞　著

知识产权出版社
全国百佳图书出版单位
—北京—

图书在版编目（CIP）数据

中华优秀传统文化思想的当代价值 / 王淑贞著 . —北京：知识产权出版社，2024.6
ISBN 978-7-5130-9268-5

I.①中… II.①王… III.①中华文化—研究 IV.① K203

中国国家版本馆 CIP 数据核字（2024）第 030435 号

内容提要

在中华文明五千多年的历史传承和发展中，中华优秀传统文化思想可谓博大精深、源远流长。本书选取其中的主体部分，即民本、大同、和合、家国四种文化思想及其当代价值进行深入探讨。全书以中华优秀传统文化思想与现代化的关系为视角，以中华优秀传统文化思想的创造性转化和创新性发展为切入点，以增强文化自信、实现中华民族伟大复兴为关切，力图对中华优秀传统文化思想的当代价值做系统深入的探讨。

本书可作为相关研究者和从业者的参考用书，也可作为普通高校相关专业学生的课外读物。

责任编辑：李小娟　　　　　　　　　　　　责任印制：孙婷婷

中华优秀传统文化思想的当代价值
ZHONGHUA YOUXIU CHUANTONG WENHUA SIXIANG DE DANGDAI JIAZHI

王淑贞　著

出版发行	知识产权出版社 有限责任公司	网　　址	http：//www.ipph.cn
电　话：010-82004826			http：//www.laichushu.com
社　址：北京市海淀区气象路 50 号院		邮　编：100081	
责编电话：010-82000860 转		责编邮箱：laichushu@cnipr.com	
发行电话：010-82000860 转 8101		发行传真：010-82000893	
印　刷：北京中献拓方科技发展有限公司		经　销：新华书店、各大网上书店及相关专业书店	
开　本：720mm×1000mm　1/16		印　张：8.25	
版　次：2024 年 6 月第 1 版		印　次：2024 年 6 月第 1 次印刷	
字　数：120 千字		定　价：79.00 元	

ISBN 978-7-5130-9268-5

前　言

　　中华文化，博大精深，源远流长。作为中华文化的重要组成部分，中华优秀传统文化思想是中华民族集体智慧的结晶，蕴含丰富的人生哲学、道德情操、审美理念、政治智慧等。这些思想不仅在中国古代社会中发挥了重要作用，而且在当今这个日新月异的时代，依然具有重要的价值和深远的意义。

　　随着中国特色社会主义的蓬勃发展，改革开放的全面深化以及全球化的广泛影响，中华优秀传统文化思想在新的历史条件下被赋予了新的意义和价值。与此同时，随着大数据和信息时代的快速发展，各种文化观念和思想、思潮相互碰撞，导致人们的思想观念也日趋多元化和复杂化。在这样的时代背景下，中华优秀传统文化思想的价值愈发凸显，它们为人们提供了宝贵的精神指引和思想滋养，有助于人们树立正确的世界观、人生观和价值观。同时，这些思想所蕴含的智慧和哲理，也可以为解决当今社会面临的诸多问题提供新的思路和方法。

　　首先，中华优秀传统文化思想具有深远的历史意义。作为中华文化的珍贵遗产，中华优秀传统文化思想承载了中华民族的历史记忆和文化基因，鲜明地展现了中华民族独特的精神面貌，成为中华民族独特的精神标识。"文化是一个民族的灵魂"，不同的文化结构和文化习俗是区别不同民族最主要的特征。任何一个民族的生存和发展都必须深深植根于自身文化土壤之中，只有对自身文化有深刻的认知和认同，才能够真正地保持民族文化的独立性和特色。习近平总书记在中共中央政治局第三十九次集体学习时强调："中华文明源远流长、博大精深，是中华民族独特的精神标识，是当代中国文化的根基，是维系全世界华人的精神纽带，也是中国文化创新的宝藏。"在长期的历史发展过程中，中华优秀传统文化早已与中华民族融为一体，为中华民族生生不息、发展壮大提供了丰厚滋养。从先秦诸子百家争鸣，到两汉经学的兴起，魏晋玄学的探索，再到隋唐儒、释、道的交融发展及宋明理学的繁荣，中华大地上涌现了儒家、道家、墨家、法家、程朱理学等众多思想学派。这些思想学派在长期的历史演进中，逐渐发展出了民本思想、大同理念、和合精神及家国情怀等深邃的治国理念和伦理规范。这些思想理念不仅为封建社会的稳定和发展奠定了坚实基础，更在塑造中华民族的人文精神、品格气质方面发挥了不可或缺的重要作用。

中华优秀传统文化思想是中华民族赓续前行的内在驱动力，也是确保我国在历史的每一个转折点上都能重新崛起的坚实基石。在长期的历史发展过程中，中华民族形成"天下兴亡、匹夫有责"的爱国精神，"天行健，君子以自强不息"的进取精神，"礼之用，和为贵"的和谐理念，"仁者爱人"的博爱之心，"己所不欲，勿施于人"的道德准则。这种精神支柱和文化自信，强化了社会成员的归属感和凝聚力，使中华民族在历史的沧桑巨变中，始终能够保持对自身文化的认同和自豪，从而在不断发展和进步中，形成独特的文化魅力和民族精神。无论是民族危亡的时刻，还是社会变革的关头，中华优秀传统文化思想都能为中华民族提供宝贵的智慧启示和行动指引。它鼓励中华民族不畏艰难、坚韧不拔地追求美好生活和民族复兴，同时也为中华民族提供了源源不断的精神动力和文化养分。

其次，中华优秀传统文化思想具有重要的现实意义。只有正确看待并读懂传统文化，才能站在历史的制高点上，才能厘清处于"百年未有之大变局"的中国，才能够看清前进的方向。毛泽东指出："指导一个伟大的革命运动的政党，如果没有革命理论，没有历史知识，没有对于实际运动的深刻的了解，要取得胜利是不可能的。"❶中国共产党带领中国人民所进行的中

---

❶ 毛泽东选集：2 卷 [M]. 北京：人民出版社，1991：533.

国特色社会主义事业并取得了伟大成就，正是基于对中华优秀传统文化思想的深刻认知和运用。离开了中华优秀传统文化，中国特色、中国风格就无从谈起。中华优秀传统文化思想体现在社会主义革命、建设和改革开放的方方面面。"民惟邦本""民为贵，社稷次之，君为轻"等中国传统文化中的民本思想升华为"群众路线"思想；"全面建成小康社会"奋斗目标，吸收借鉴《诗经·大雅·民劳》中"民亦劳止，汔可小康；惠此中国，以绥四方"❶的思想；"和平统一、一国两制"的伟大构想是对中国传统文化和合思想的当代阐发；科学发展观则是"天人合一"思想的当代阐发；人类命运共同体思想则是对中国传统文化思想中"天下为公""世界大同"思想的创新性发展。

在全球化不断推进和改革开放持续深化的背景下，我国正处于一个大发展、大变革和大调整的时期。经济的迅猛发展及多元文化的冲击，导致人们思想观念的巨大转变。在这一过程中，人们的行为方式所体现的传统道德标准和价值观念，在急速转型的社会关系中发生嬗变。价值领域呈现多元化的趋势，而道德领域则出现了混乱和迷茫的状态。一些负面思想和价值观也随之产生，如个人主义、拜金主义等。中国的传统文化是一种伦理型文化，其核心思想、价值观念和社会规范是相互关联的。这种文化所蕴含的独特价值体系，为社会主义核心价值观提供了重要的思想基础。社会主义核心价值观"富强、民主、文明、和谐、自由、平等、公正、法治、爱国、敬业、诚信、友善"，与"修身、齐家、治国、平天下"的理念相呼应，为中国特色社会主义发展提供了明确的价值导向，有助于推动社会的健康有序发展。此外，中华优秀传统文化所倡导的仁爱、诚信、和合、大同、爱国等思想无论是在个人的道德修养，还是社会治理以及国际交往中都具有重要的现实意义。例如，孟子讲"仁者爱人"，其意义已经从血缘关系拓展到"四海之内皆兄弟""天下大同"的广阔领域中去。

在全球化的大背景下，各种文化交流与碰撞，中华文明如何保持其独特的魅力和活力？关键在于我们能够坚守中华优秀传统文化的根基，同时不断

---

❶　诗经（下）[M]. 王秀梅，译注. 北京：中华书局，2015：656.

进行自我更新和创造。"周虽旧邦、其命维新",这正是中华文明历经五千多年而依旧生机勃勃的秘诀。从中华优秀传统文化的视角认识现实中国,可以深入理解中国特色社会主义理论体系、路线、纲领产生的历史背景和现实基础。这种理解不仅有助于我们更好地把握中国特色社会主义的发展方向,也有助于我们更好地传承和创新中华文化。在转化和创新中不断提高对共产党执政规律、社会主义建设规律和人类社会发展规律的认识水平,是中华文明在全球化时代保持独特魅力和活力的关键所在。

最后,中华优秀传统文化思想可以为解决当今社会面临的诸多问题提供思路和方法。当今世界,经济全球化、社会信息化、文化多样化并行发展,经济、社会和文化的多元化交织在一起,使各国的互动和影响变得更为复杂。恐怖主义、民族争端、贫富分化、环境污染、资源短缺等问题不仅困扰着各个国家,也日益威胁着全人类的生存和发展。这些问题的解决需要国际社会的共同努力和协作,需要各国政府、组织和个人齐心协力,共同应对。在这个过程中,中华优秀传统文化思想所蕴含的智慧可以为全球治理提供重要的启示和借鉴。例如,大同思想所追求的"天下为公"的理念,倡导公平、公正和公开,承载了对人类命运与共的现实思考;"和而不同"的理念,强调尊重差异、包容多样,有助于促进不同文化间的交流与理解,增进国际的和平与合作;"天人合一"则注重人与自然的和谐共生,这一思想对于应对全球性的环境问题,如气候变化、生物多样性面临威胁等,具有重要的指导意义。此外,中华优秀传统文化思想也可以为现代社会的治理提供借鉴。例如,儒家思想所强调的"仁政"理念,可以为现代政府的治理提供参考;道家思想所倡导的"无为而治",可以为现代社会管理提供启示。中国先哲们在处理各种复杂的关系时所形成的看待人生、看待世界的独特价值体系,至今仍然闪耀着智慧的光芒。习近平总书记指出:"世界上一些有识之士认为,包括儒家思想在内的中国优秀传统文化中蕴藏着解决当代人类面临的难题的重要启示。"❶

在全球化的背景下,中华优秀传统文化思想为世界文明的发展贡献了独

---

❶ 习近平. 在纪念孔子诞辰 2565 周年国际学术研讨会暨国际儒学联合会第五届会员大会开幕会上的讲话 [N]. 人民日报,2014 年 9 月 25 日.

特的智慧。它所蕴含的深厚智慧和价值观为世界文明的发展提供了宝贵的思想资源。通过加强文化交流和互鉴，可以进一步促进世界文明的多样性和共同进步。这不仅有助于增进各国人民之间的相互了解和友谊，更有助于推动世界的和平与发展。

近年来，关于传统文化研究的热度方兴未艾，国学备受年轻人的青睐。传统文化是中华历史文化的智慧沉淀，但是传统文化毕竟是古代社会的产物，其思想内容在现代化建设中既有相适应的积极方面，也有与当今社会不一致的消极方面。因此，对传统文化的学习和传承要坚持客观辩证的态度，"取其精华、去其糟粕"。每一种文化的产生和发展都有其不同的历史土壤。因此，我们要根据历史特点及时代需要对传统文化进行鉴别与分析、取舍与扬弃。一种文化的活力不是抛弃传统，而是弘扬和传承中华优秀传统文化思想。因此，我们要对中华优秀传统文化思想进行历史的、具体的、科学的分析，中华优秀传统文化思想的传承和创新是一项长期而艰巨的任务。我们应该加强对这些思想的保护和研究工作，通过各种方式将这些思想传承下去。同时，我们也应该结合时代发展的需要，对这些思想进行创新和发展，使其更好地适应现代社会的需求。一种文化的生命力不在于抛弃传统，而在于在何种程度上吸收并重塑传统。因此，对于中国传统文化思想，我们应该在马克思主义指导下，坚持"去粗取精、去伪存真""古为今用、推陈出新"的原则，正确处理好继承和创新的关系，既不能离开传统文化，又不能盲目照搬。我们要善于找到传统文化与现代社会的契合点，让传统文化在现代社会中焕发新的活力。

基于以上认识，本书以中华优秀传统文化思想的当代价值为研究主题。中华文化博大精深，本书以民本思想、大同思想、和合思想和家国思想为主要研究对象，深入探讨这些思想的起源、发展脉络、主要内容及其相互之间的有机联系。通过对其历史演进和社会影响的阐述，将揭示这些思想的深刻内涵和当代价值。同时，本书还将结合当代社会的实际情况和发展需求，对如何更好地传承和创新中华传统文化进行深入思考和探讨。我们将从多个角度分析这些思想的当代价值，探讨它们如何为当代社会的发展提供启示和借鉴。

本书共分五章，第一章从国内和国际两个层面，深入探讨了中华优秀传统文化思想研究的重要性。为了更全面地阐述这一主题，选取了民本、大同、和合、家国这四种具有深远影响的文化思想，并对其当代价值及其相互关系进行了深入的探讨。接下来的四章详细阐述了民本思想、大同思想、和合思想、家国思想的历史起源、发展历程及传承情况。通过深入研究，揭示了中华优秀传统文化思想在当代社会的价值，并展示了中华优秀传统文化思想与中国特色社会主义之间的传承关系。具体来看：

第二章首先对民本思想的起源及其历史演变进行了回顾和梳理。在此基础上，本章指出中国古代的民本思想主要涵盖三个层面：经济上，主张富民优先，强调藏富于民；政治上，强调民意的重要，主张重民、贵民；文化上，注重教育民众，强调教化万民。民本思想虽然有其不足之处，但是它蕴含的人民至上、民生为本、民心所向等积极的价值观，对于现代社会的发展仍然具有重要的启示和借鉴作用。本章强调，民本思想的当代价值主要体现在以下三个方面：民本思想为国家治理现代化提供理论基础；民本思想为以人民为中心理念提供思想基础；民本思想为实现中华民族伟大复兴提供不竭动力。

第三章对大同思想的起源及历史发展进行了回顾和梳理，认为大同思想历史悠久，其主要内容包括：主张天下为公的政治理想、推崇选贤用能的治理体制、倡导各得其所的社会保障、期望安定有序的社会秩序。大同思想在当代具有重要价值，主要体现在：第一，大同思想的核心——天下大同的理念，与当今我国主张的人类命运共同体理念具有一致性。第二，大同思想作为中国传统文化中的一种重要思想，强调追求天下大同，强调人类社会的和谐、平等和共同发展，这对于当今全球化背景下的国际关系具有积极的启示作用。第三，大同思想为实现共产主义理想提供更多思想基础。

第四章对和合思想的历史脉络及其发展进行了分析，指出随着时间的推移，和合思想形成以和为贵的交往观、"天人合一"的生态观、"和而不同"

的价值观、"协和万邦"的政治观等丰富的内容。随着时代的演进和社会的变迁，和合思想的理论内涵与现实意义也在不断丰富与拓展，为现代社会提供了多方面的思想支持。这一思想在促进人际和谐、推动生态文明建设、塑造社会主义核心价值观以及构建人类命运共同体等方面都发挥了积极的作用。可以说，和合思想不仅对中国社会产生了深远的影响，也为国际社会提供了独特的中国智慧。

第五章对家国思想的起源及发展进行了回顾和梳理，认为家国思想是中华优秀传统文化思想的重要内容，它强调了家庭、家族和国家之间的相互关系和影响。这种思想建立在血缘伦理基础之上，认为家庭和家族是国家的缩影，而国家则是家庭和家族的延伸。从中国的历史发展来看，家国思想的内容主要围绕家国同构的政治理念、忠孝两全的道德规范、修齐治平的人生路径等理念展开。本书认为，在当今社会，家国思想有助于强化国家认同感，有助于培养爱国主义精神，可以为实现中国梦凝聚强大精神伟力，是新时代追求美好生活的精神向导，对当代国家治理现代化提供了借鉴意义。

中华优秀传统文化思想是中华民族的瑰宝，也是中国特色社会主义的重要文化资源，更是全世界人民的共同财富。通过这五章的深入研究与阐释，我们期望读者能够更全面地理解中华优秀传统文化思想在当代社会中的重要性和价值，并能够辨析其与中国特色社会主义之间的纽带关系，寻根求源，以深厚的中华优秀传统文化思想来滋养和丰富中国特色社会主义理论和实践。在当代社会，我们不仅要传承这些优秀文化思想，更要将其与时代精神相结合，推陈出新，让其在新的时代背景下焕发更加璀璨的光芒。通过对中华优秀传统文化思想价值的阐释，期望能够更好地认识和理解中华民族的历史及文化传统，有助于提高全民族的文化自觉和文化自信，更能够从中汲取智慧和力量，为解决当代社会问题提供新的思路和方法，为全人类文明的进步和发展做出更大的贡献。同时，也希望本书能够激发更多国人对中华文化的热爱和关注，为中华优秀传统文化思想的传承和创新贡献一份力量。

总之，本书以中华优秀传统文化思想的当代价值为研究主题，旨在为读者提供一份深入、客观的研究成果。希望通过本书的出版，能够激发更多国人对中华文化的热爱和关注，促进中华优秀传统文化思想的传承和创新，为中华民族伟大复兴贡献力量。同时，也期待更多的国人能够深入研究和挖掘中华优秀传统文化思想的当代价值，共同推动中华文化在新时代的繁荣和发展。

目　录

第一章

中华优秀传统文化思想研究的意义

中华优秀传统文化思想是中国传统文化的核心和精华，是中华民族创造并历经世世代代传承发展的具有鲜明民族特色的优良文化思想，对当代中国文化建设和发展依然具有重要的指导意义。中华优秀传统文化思想是中华文化的精髓、底气和神韵所在，积淀着中华民族最深层的精神追求，代表中华民族独特的精神标识，具有开放性、包容性、创新性及传承性等特征。中华优秀传统文化思想以儒家文化为基础，历经先秦诸子百家争鸣、两汉经学、魏晋玄学、隋唐儒释道精神的融合及宋明理学等几个历史时期的发展和融合，形成民本思想、大同思想、和合思想、家国思想等丰富的思想资源，蕴含"讲仁爱、重民本、守诚信、崇正义、尚和合、求大同"的精神特质，以及刚健自强、求实创新等精神，是中华民族宝贵的精神财富，它不仅对中国的社会、文化、科技等方面产生了深远的影响，也对世界文明的发展做出了重要的贡献。

在全球化和信息化时代，中国文化的发展面临诸多机遇，同时也遭遇很多挑战。一方面，随着中国经济的崛起和国际地位的提高，中国文化在全球范围内的影响力逐渐增强，为文化发展提供了广阔的空间和机遇。另一方面，在全球文化多样性的背景下，中国文化需要应对来自不同文化的冲击与挑战，以保持自身的独特性和创新性。正是在这个"百年未有之大变局"的交会点，对中华优秀传统文化思想进行挖掘和整理，是时代赋予我们的重要使命。"求木之长者，必固其根本；欲流之远者，必浚其泉源。"面对国内外的复杂形势和社会主义建设中的各种挑战，我们必须坚定不移地以中华优秀传统文化为根基，将传统文化思想与现实问题相结合，更好地建设具有深厚文化底蕴的中国，实现长治久安和国家繁荣。在新形势下，大力弘扬中华优秀传统文化，坚定文化自信，对于加强民族认同感，实现中华民族伟大复兴的中国梦具有极其重要的意义。

第一节 传承发展中华优秀
传统文化思想的重要性

中华传统文化博大精深、源远流长，是五千多年来中华文明生生不息、不断发展壮大的精神命脉与思想沃土。其中许多思想观念在当代依然散发着璀璨的光芒。中华传统文化中的诸多思想观念，如儒家思想的仁爱、诚信，道家思想的自然、无为，法家思想的公正、法治，以及墨家思想的"兼爱""非攻"等，在当代社会仍然具有重要的现实意义，我们应该深入挖掘中华优秀传统文化的精髓和价值，继承和发扬这些思想观念，为当代社会的进步和发展做出贡献。同时，我们还应该以开放的心态面对当代社会的挑战和问题，不断创新和发展中华优秀传统文化思想，使其与现代社会相适应，继续在当代社会中发挥重要的引领作用。

一、中华优秀传统文化思想是涵养社会主义核心价值观的重要源泉

"当代中国的社会主义核心价值观，既不能脱离社会主义形态的根本属性，又不能离开中国的文化传统和民族特色。"[1] 中华优秀传统文化是中国人民的精神命脉，蕴含丰富的思想观念、人文精神和道德规范，如仁爱、诚信、正义、和谐等价值观在当代社会中仍然具有重要的指导意义，可以帮

---

[1] 陈先达. 中国百年变革的重大问题 [M]. 北京：人民出版社，2019：104.

助人们树立正确的世界观、人生观和价值观，引领社会风气向着积极、健康的方向发展。它们可以为个人和社会提供根本遵循和行动指南，帮助人们做出正确的行为选择和决策。

党的十八大提出，倡导富强、民主、文明、和谐，自由、平等、公正、法治，爱国、敬业、诚信、友善的社会主义核心价值观，是中国共产党凝聚全党全社会价值共识做出的重要论断，代表了中国共产党对于中华优秀传统文化思想的创造性转化和创新性发展。一方面，社会主义核心价值观作为一种新型的先进的价值观，体现了人类社会价值理念的发展趋势，表现出超越民族性的一面；另一方面，社会主义核心价值观作为中国特色社会主义核心价值体系的高度凝练和集中表达，必然根植于中华传统文化的深厚土壤之中。社会主义核心价值观，把涉及国家、社会、公民的价值观要求融为一体，是对中国传统仁爱、诚信、正义、和谐等价值观的继承和发展，体现了社会主义本质要求和时代精神。中华优秀传统文化作为中华民族的文化基因，深深烙印在中国人民的思想方式和行为方式中，并对中国的历史传统、文化积淀和基本国情产生了深远影响。只有将社会主义核心价值观深深植根于这片丰饶的土壤中，才能被广大人民所理解和接受，进而成为人们自觉遵守和奉行的价值准则，成为中国人民的价值追求和行为规范。

中华文明源远流长，其所形成的独特的价值体系是社会主义核心价值观的重要源泉。在中国传统文化理念中，注重"格物致知""修身、齐家、治国、平天下"的理念，这些理念体现了个人、社会和国家三个层面的要求。从某种层面看，"格物致知""修身"是个人层面的要求，主要关注个人的修养和成长；"齐家"是社会层面的要求，主要关注家庭及社会的和谐与稳定；"治国、平天下"则是国家层面的要求，主要关注国家的治理和发展。社会主义核心价值观是对中华优秀传统文化思想的继承和深化，既体现了社会主义的本质要求，又展现了时代精神。中华优秀传统文化的思想和精神中，和合思想被社会主义核心价值观中的"和谐"完美传承，大同思想在社会主义核心价值观中体现为"平等"的思想意识。此外，中华优秀传统文化思想还强调诚信、友善、公正等价值观念，这些观念在社会主义核心价值观中也有所体现。例如，强调"人而无信，不知其可""诚者，天之道也；诚之者，人之道也""言必信，行必果"的诚信观念，与社会主义核心价值观中的"诚信"相呼应；"君子喻于义""仁者爱人"的友善观念，与社会主义核心价值观中的"友善"相契合；中华优秀传统文化思想还蕴含"大道之行也，天下为公""公则天下平矣"的公正观念，与社会主义核心价值观中的"公正"相一致。

总之，中华优秀传统文化思想对社会主义核心价值观的各个层面产生了深远的影响。我们应该深入挖掘中华优秀传统文化的核心价值和思想精髓，继承和发扬这些有益的观念，为当代社会的进步和发展贡献力量。

二、中华优秀传统文化思想是当代中国文化自信的坚实根基

中华优秀传统文化思想是中华民族在长期历史发展中经过不断的理论创新和实践创新形成的精神财富，构筑了中华儿女的价值理念和道德规范，是中华民族的"根"和"魂"，是中华民族能够不断战胜困难、续写辉煌的内在动因，是中华民族文化自信的坚实根基和突出优势。"天行健，君子以自强不息"，中华优秀传统文化之所以能够绵延数千年而不断自我修复并传承，是因为它具有强大的生命力和包容性，这种思想又赋予中华儿女自强不息、艰苦奋斗、勇于探索的精神。当近代中国面临西方文化的强烈冲击而陷入困境之际，中华传统文化通过吸收、融合与创新，实现了自我更新和发展。在经历"西学东渐"和"体用之争"的过程中，中华传统文化积极吸收西方文化的优秀成果，逐渐形成具有独特性和创新性的文化体系。这种文化体系既保留了中华传统文化的精髓，又融入了西方文化的优秀元素，再一次实现了中华传统文化的融合与创新，推动了中华传统文化向现代化转型，中华传统文化在激荡中赓续前进。这种融合与创新不仅丰富了中华文化的内涵，也为中华传统文化的现代化发展提供了新的思路和方向。

国家的兴旺和民族的崛起，都离不开自身文化的精神支撑。尤其是对于中国这样一个有着五千多年历史的文明古国，传统文化无时无刻不在影响着人们的思维模式和生活方式。同时，优秀传统文化也是人们获得民族认同感，增强国家向心力、团结力的思想源泉。一个国家的历史资源、文化遗产滋养着这个国家的发展壮大，在漫长的历史发展中，传统文化无时无刻不在影响着人们的思维模式和社会行动，同时也是当下人们获得民族认同感，增强国家向心力、团结力的思想源泉。经过漫长的时间洗礼和岁月磨砺，中华优秀传统文化积淀了丰厚的思想理念和人文精神，奠定了中国人的精神思维结构，塑造了中国人的整体价值取向，凝结了中国人的道德情感追求，形成了独特的文化体系和价值观念，为中华民族的生存和发展提供了强大的精神支撑和文化动力，是最为基础、最为根本，也是最为深沉的文化自信源泉。

尊重和弘扬优秀传统文化是增强文化自信的关键。自先秦时期以来，中华民族的传统文化经历了漫长的发展历程，形成了具有独特魅力和品格的文化体系。春秋战国时期的百家争鸣，为中华民族精神的确立和形成提供了丰富的思想资源和理论支撑。魏晋南北朝时期的民族迁徙与融合，使文化呈现多元化格局。儒、释、道三家思想相互渗透、共同发展，最终在唐宋时期达到了繁荣的顶峰。然而，在元明清之际，传统文化逐渐面临挑战并寻求突破。鸦片战争的爆发，结束了封建文化一统天下的局面，带来了前所未有的大变局时代。面对西方文化的冲击，一些人开始怀疑和反思自己的文化，而西方文化在工业文明的背景下逐渐占据了主导地位。但是，中国素来有"天行健，君子以自强不息"的文化传统，有"地势坤，君子以厚德载物"的精神品格，中华传统文化在重重挑战面前并没有停滞不前，以其独特的包容性和创新性，积极应对挑战，同时也紧紧抓住机遇，不断进行自我更新和拓展。因此，我们应该更加重视传统文化的传承和创新，弘扬其精髓和价值，为人类文明的发展和进步贡献中国智慧和力量。

在当今社会，中华传统文化面临诸多挑战。改革开放以来，尤其是全球化进程的加速和西方文化的冲击，对中华传统文化的传承和发展产生了巨大的影响。一方面，随着经济全球化和文化交流的深入发展，越来越多的西方文化和价值观被引入中国，影响年轻一代的思想观念和生活方式。一些人对于传统文化的认识和理解不够深入，存在盲目追随西方文化、轻视甚至否定自己文化的问题。另一方面，中华传统文化也面临着自身发展的困境。例如，一些传统文化习俗和仪式逐渐被淡忘或消失，一些文化遗产的保护和传承工作也需要进一步加强。此外，数字媒体的普及和发展也加速了传统文化的商业化进程。但是，传统文化元素被大量地、单一地用于商业目的，甚至为了商业化的效果违背历史，这种过度商业化的现象破坏了传统文化的原生性和完整性，使其失去了原有的文化价值。因此，在传承发展中华优秀传统文化思想的进程中，培育文化自信具有重要的现实意义。"文化自信是一个民族在文化问题上所具有的一种积极精神状态，它体现为观察、思考和推动文化发展进程中对于优秀传统的礼敬、直面世界的从容、开创未来的坚毅。"❶ 同时，"高度的文化自信是一个民族能够在文化上有新创造的精神底气，是一个民族能够走向并始终走在时代前列的必备条件"❷。培育文化自信，能够激发民族自尊感和自豪感，激发人民群众对传统文化的传承和发展热情，提升国家整体软实力和民族凝聚力。

要科学地对待传统文化，对传统文化进行创造性转化和创新性发展。只有以科学的方法对待传统文化，才能更好地继承和弘扬传统文化。在学习、研究、应用传统文化的过程中，我们应该坚持古为今用、推陈出新的原则，结合新的实践和时代要求进行正确取舍。要以适应社会生产力和生产方式发展为根本要求，赋予传统文化以新的时代元素，使之与现实文化相融相通。同时，我们要立足新时代，在马克思主义思想的指导下，坚持马克思主义的指导地位，坚守中华文化立场，立足当代中国现实，结合当今时代条件，不断推陈出新，发展面向现代化、面向世界、面向未来的、民族的、科学的、大众的社会主义文化，这样做才能让传统文化在现代社会中焕发出新的生命力，为中华民族的文化自信提供源源不断的力量。

---

❶ 沈壮海. 论文化自信 [M]. 武汉：湖北人民出版社，2019：3.

❷ 同❶.

总之，中华优秀传统文化是弘扬优秀传统文化、坚定文化自信的基石。中华优秀传统文化是中华民族的文化基因、精神家园、精神命脉，是整个文化体系的根基命脉和源头活水，是文化自信的内在力量。经历了20世纪80年代末的文化大讨论、90年代初的国学热，到21世纪以来传统文化的崛起，人们对待传统文化的态度基本上已走出缺乏自信的阴霾，开始对其进行理性分析和客观评价。深入把握当代文化传承与发展的关系，立足时代、不忘本来、吸收外来，不断赋予传统文化思想以新的时代内涵和现代表达形式，使中华优秀传统文化与当代文化相适应、与现代社会相协调。

三、中华优秀传统文化有助于增强民族凝聚力

民族凝聚力是指一个民族内部间的相互吸引力，是推动各民族向前发展的一种内部力量，是一个民族在长期发展过程中自发形成的一种观念形态（思维方式、价值理念、理想、情感等）。这种力量对于民族的发展、演进，以及民族的自强、自立都产生着重要影响。在危机与挑战面前，民族凝聚力具有不可替代的作用。中华优秀传统文化思想不仅有助于增强中华民族的自信心和认同感，还有利于增强中华民族的向心力和凝聚力，是中华民族的伟大复兴重要推动力量。在全球化的背景下，国家之间的竞争已经不局限于经济和军事领域，而是演变为综合国力的全面竞争。为了提升综合国力，重视中华优秀传统文化思想的传承和弘扬至关重要。只有深入了解和认同自己的传统文化，才能增强广大人民群众的认同感和归属感，进而形成强大的内在精神气质。这种精神气质将成为国家发展最大的软实力，推动国家在全球化竞争中取得优势。

中华优秀传统文化思想为中华民族凝聚力提供丰厚的历史文化资源，它不仅是中华民族的精神支柱，更是凝聚力的源泉。中华五千多年文明所形成的价值理念和道德习俗已经深深融入中华儿女的血脉之中，成为中华民族团结、和谐、进步的精神力量。首先，中华优秀传统文化思想孕育了共同的祖

先情怀。这种情感在中华儿女心中代代相传，以华夏子孙的称谓为象征，它维系着中华儿女对家族和民族的认同感和归属感。这种认同感和归属感，表达了对祖先的敬仰和缅怀，以及对家族和民族共同历史和文化的传承和弘扬。这种共同的祖先情怀，在现实中不断强化家族和民族之间的联系。它像一条看不见的纽带，将中华儿女的命运紧密地联系在一起，让人们在面对各种挑战和困难时，始终保持团结一致，共同进退。从古至今，中华民族经历了无数的风风雨雨，但始终能够保持强大的凝聚力和向心力。其中的原因之一，就是我们有着共同的祖先信仰和文化传承。无论走到哪里，中华儿女都牢记自己的根源和文化传统，从而形成一种强烈的民族认同感和归属感。其次，中华优秀传统文化思想孕育了浓烈的家国情怀。"修身、齐家、治国、平天下""先天下之忧而忧，后天下之乐而乐""位卑未敢忘忧国"等思想已经深深扎根于中华民族的心灵深处，成为中华民族精神的核心，激励人们不断追求进步，为国家的繁荣和人民的幸福而努力奋斗。家国情怀源于中华传统文化的核心价值观，提倡家庭和睦、社会和谐，强调个人对家庭、社会的责任和义务。家国情怀还体现在中华儿女的精神追求之中，追求的是家庭和睦、社会和谐、国家繁荣的理想状态。在现代社会中，我们要继续传承和弘扬中华优秀传统文化中的家国情怀，关注家庭和国家的命运，为家庭和国家的繁荣发展贡献自己的力量。同时，我们也要积极投身社会公益事业，为社会的和谐稳定做出自己的贡献。此外，中华优秀传统文化思想还孕育出了和合思想的仁爱精神和"天人合一"的生态思想，以及"天行健，君子以自强不息"的拼搏精神和厚德载物、兼容并蓄的宽广胸怀等丰富的文化资源。中华优秀传统文化思想在与世界的交流中，展现出开放和包容的态度，积极吸收异质文化元素，丰富自身内涵，使传统文化能够与时俱进，保持活力和生命力。这种开放和包容的态度，为中华民族伟大复兴提供了强大的精神力量，推动中华文化在全球范围内传播力和影响力的提升。

中华优秀传统文化思想是中华民族凝聚力的重要支撑，这是因为中华优秀传统文化思想是中华民族的灵魂，滋养着中华民族的精神家园。无论是儒家的仁爱之道，还是道家的自然之理，无论是佛教的慈悲为怀，还是农耕文化的勤劳朴实,都深深浸润在中华儿女的基因之中,激发我们内心的自豪感、归属感和使命感,并汇聚成整个中华民族的凝聚力、向心力。正是这种凝聚力和向心力,才使得中华民族在历史长河中历经磨难,但始终坚韧不拔,团结一致,勇往直前。这种凝聚力和向心力不仅是中华民族团结统一的基石,也是中华民族在面对挑战和困难时能够保持坚定信念、勇往直前的动力源泉。无论是抗击外侮的英勇斗争,还是建设祖国的艰苦努力,无论是改革开放的伟大实践,还是新时代的伟大梦想,中华优秀传统文化作为中国人民的精神财富和精神动力,不断激励中国人民奋发向前,不断创造新的辉煌。这些传统文化中的智慧和价值观念,为中国人民提供了强大的精神支撑和动力源泉,让中国人民在面对各种挑战和困难时,始终保持坚定的信念和决心,不断追求进步和发展。在 21 世纪错综复杂的国际国内形势下,无论我们遭遇何种困难,只要坚守中华优秀传统文化理念,就能找到归属感和认同感。这种归属感和认同感,既是中国人民的精神支撑,也是中国人民的团结力量,它能让中国人民同心协力,不怕艰险,共同创造美好的未来。

加强中华优秀传统文化思想的传承和发展是增强民族凝聚力的现实路径。加强中华优秀传统文化思想的传承能够有助于丰富广大人民群众的精神世界,提升人们的文化素质和道德水平。这种传统文化的弘扬,不仅可以满足人民对美好生活的向往精神需求,更能培育人们的爱国情怀和民族自豪感,进而巩固和强化整个民族的凝聚力。对中华优秀传统文化的传承,使中华民族的核心价值观在广大人民中形成一种自觉的行为,有助于增强对本民族文化的心理认同。这种认同被具体化为对本民族的自尊心、自信心和责任感,进一步增强了本民族的凝聚力和向心力。这种凝聚力和向心力是中华民族在历史长河中历经磨难而始终坚韧不拔的重要原因,也是中华民族在全球化背景下保持文化自信、坚守文化底色的重要支撑。这种文化认同和文化自信是中华民族团结一心、奋发向前的精神力量,也是中华民族走向未来、创造辉煌的重要保障。

四、中华优秀传统文化为思想软实力提升提供了强大的精神动力和智力支持

文化软实力是指在全球范围内，某个国家通过其文化产出与价值观念从而在国际舞台上获得的文化影响力、吸引力和塑造力，集中体现了一个国家基于文化而具有的凝聚力和生命力，以及由此产生的吸引力和影响力。相较于以经济、军事、科技为基础建构起来的国家硬实力而言，文化软实力是体现一个国家综合实力最核心、最高层的内容。文化软实力作为综合国力的重要组成部分，其影响力和价值在当今世界日益凸显。它不仅关系到国家的形象和声誉，更关系到国家的国际地位和影响力。因此，加强文化软实力的建设是当前我国文化发展的重要任务之一。中华优秀传统文化是中华民族几千年来思维的结晶，积淀着中华民族最深沉的精神追求，是中华民族的突出优势。它是中华民族不断发展的强大精神动力，是涵养社会主义核心价值观的重要源泉。在新形势下，传承和创新中华优秀传统文化思想，提升中国文化软实力，是我们应对世界文化激荡、续写中华文明辉煌的重要举措。

中华优秀传统文化思想是中华民族的精神命脉，是涵养社会主义核心价值观的重要源泉。它是中华民族和中国人民在修齐治平、尊时守位、知常达变、开物成务、建功立业过程中逐渐形成的独特标识，是中华儿女的思想底色、精神追求和信仰支柱。中华优秀传统文化思想对于中国团结统一的政治局面、多民族大家庭的形成、中华民族精神的丰富、抗击外来侵略，以及社会发展和进步都起到了至关重要的作用。可以说，中华优秀传统文化思想是当代中国最大的软实力，是推动中国社会进步和发展的重要力量。

中华优秀传统文化思想是促进文化软实力发展的不竭源泉。中华优秀传统文化源远流长、博大精深，从先秦子学到两汉经学，从魏晋玄学到隋唐佛学，再到宋明理学，孕育出儒家、道家、法家、墨家、兵家等丰厚的文化资

源。中华优秀传统文化曾长期处于世界文明前列，为人类文明作出了重要的贡献。这些文化资源不仅是中国人民的宝贵财富，也是世界文明的重要组成部分。不断挖掘和弘扬中华优秀传统文化思想有助于增强民族凝聚力。文化是一个民族的灵魂，共同的文化认同是形成民族凝聚力的基础。深入挖掘和传承中华优秀传统文化思想，可以促进不同地区、不同民族之间的文化交流与融合，进一步增强中华民族的凝聚力和向心力。同时，挖掘和弘扬中华优秀传统文化思想也有助于提高中国人民的文化自信和民族自豪感，进而提升国家的文化软实力和国际竞争力。

当前，对中华优秀传统文化思想的传承和弘扬还存在一些问题与不足。一是对中华优秀传统文化的价值和地位认识不清。信息化时代带来了丰富的信息选择和交流方式，但是也对信息的正确选择造成了干扰。在这个时代，西方文化大规模扩张和渗透对中华优秀传统文化产生干扰，尤其对年轻人的影响更为显著。年轻人倾向于追求流行文化和快餐文化，这使得他们对传统文化的认知和了解逐渐减少。二是缺乏系统性的传统文化教育。当前的教育体系中，传统文化教育的内容较为零散，缺乏系统性和连贯性。学生在学习过程中，难以形成对传统文化的全面系统认识。同时，教育内容与实际生活相脱节。教育内容过于注重历史、文学等传统知识，而忽视了与现实生活的联系，这使得学生难以将所学知识应用到实际生活中，也无法真正理解传统文化的价值。三是创新能力不足，过度商业化。近年来，文化与经济的融合在许多地区得到了广泛应用，这种融合策略确实带来了一定的经济成果。然而，在这个过程中，过度商业化的现象也开始出现。一些地方为了追求旅游业的繁荣，争夺历史名人的出生地。一些影视文化作品为了热度而篡改历史。这些行为不仅破坏了历史文化的真实性，也削弱了人们对传统文化的认同感和归属感。这些问题和不足对我国文化软实力的建设造成了不利影响。

传承和发展中华优秀传统文化思想，提升文化软实力，首要是挖掘、保护和传承中华优秀传统文化，并赋予其新的时代内涵。要使中华民族最优秀的文化思想与当代文化相适应、与现代社会相协调、与人民的精神需求相适应，以人们喜闻乐见、适宜参与的方式推广开来，把跨越时空、超越国度、具有当代价值的文化精神弘扬起来。我们要把握时代发展的脉搏，深入挖掘与时代联系紧密的传统文化，不断丰富传统文化的内涵，打造与时代主题相结合的文化产品，并能够让广大人民群众接受和理解，形成一种文化自觉，才能对提升中华文化软实力起到积极的促进作用。事实上，中华传统文化之所以能够绵延数千年，正是因为它不断地自我更新，不断调适自身思想与社会的适配性。这种自我更新和调适的过程，使得中华传统文化能够适应不同时代的需求，保持其活力和生命力。提高文化软实力的一个重要方法是努力展示中华文化的独特魅力。通过展示中华文化的独特魅力，让更多的人了解并传承中华优秀传统文化。通过各种形式的活动努力推进中华传统文化在国际社会的传播，让世界各国人民了解中国文化、学习中国文化并传播中国文化。通过全球范围内的文化交流，使世界更加了解和欣赏中国文化，促进不同文化之间的理解和融合，推动世界文化的多样性发展。同时，通过展示中国文化的独特魅力，吸引更多人关注和喜爱中国文化，提高中国文化的国际影响力。在传播过程中，文艺作品是重要的载体。可以通过文学、电影、音乐、舞蹈等艺术形式，向世界展示中华文化的丰富多彩和博大精深。例如，通过将中国传统故事、历史人物、哲学思想等元素融入文艺创作，让世界观众在欣赏艺术作品的同时，深入理解中国文化的思想内涵和价值理念。同时，也可以通过举办各种文化活动，如"中国文化年""中国文化节"等活动，将中国的书法、绘画、陶瓷、茶艺等传统文化艺术及现代文化创意产品带到世界各地，让更多的人亲身感受中华文化的魅力。借助现代科技手段也是提升中华文化全球影响力的重要途径。在信息技术发达的现代，还可以利用互联网、社交媒体等新媒体平台，用多语种、多媒体的方式向全球传播中华文化。在这个过程中，我们应当始终坚持中华文化的主体地位，遵循兼收并蓄的原则，既要保持中华文化的主体性和独特性，又要积极借鉴其他文化的优秀成分，为中华文化的创新和发展提供源源不断的动力。这样，我们才能更好地展示中华优秀传统文化的独特魅力，提高文化软实力，为中华民族伟大复兴做出更大的贡献。

五、中华优秀传统文化思想为当代治国理政智慧提供丰厚的思想文化资源

中华民族在悠久的历史长河中历经了盛乱兴衰，积累了丰富的思想智慧，为现代治国理政提供了宝贵的经验和启示。这些思想智慧不仅是中华民族的瑰宝，也是全人类共同的精神遗产。中国共产党作为中华优秀传统文化思想的继承者和创新者，始终注重汲取传统文化中的智慧，为实现中华民族的崛起、富强、强大做出了杰出贡献。中国的革命和社会主义建设的历史证明，任何科学的社会理论和制度，要实现有效运行，必须适应本土环境和文化背景，从自身文化中汲取力量。中华优秀传统文化思想是中国共产党治国理政的重要思想文化资源。毛泽东就是运用中华优秀传统文化的政治家。他在党的六届六中全会上说："我们是马克思主义的历史主义者，我们不应当割断历史。从孔夫子到孙中山，我们应当总结、承继这一份珍贵的遗产。"中华优秀传统文化中蕴含丰富的哲学思想、人文精神、教化思想、价值理念和道德规范，对这些传统文化的思想价值进行提炼，使其与现代社会相融合，与当代治国理政相适应，是一项非常重要的课题。我们要以中华优秀传统文化为底蕴，将其融入现代治国理政之中，不断推进国家治理体系和治理能力现代化，为实现中华民族伟大复兴的中国梦提供强大的精神动力和文化支撑。

中华优秀传统文化思想中蕴含丰富的治国理政经验和智慧，为当代中国共产党人治国理政提供了重要思想启迪和智慧借鉴。孔子提出"为政以德"，主张用道德来引导人们的行为，认为只有道德才能让人们真心地服从和支持政府。他说："导之以政，齐之以刑，民免而无耻；道之以德，齐之以礼，有耻且格。"这段话的意思是，用刑罚来治理国家，虽然能使百姓免于犯罪，但并不能使他们懂得羞耻；而用道德来引导百姓，用礼制来规范人们的行为，不仅能让他们懂得羞耻，而且还能使他们遵守规矩。儒家还提倡以和为贵的思想，孔子主张和谐是社会最宝贵的财富。他说："礼之用，和为贵。

先王之道，斯为美；小大由之。"这句话的意思是，礼的应用，以和谐为贵。这对当今社会无论是处理人与人之间的关系还是国家与国家之间的关系都有着重要的指导意义。《道德经》则尊崇"道法自然"，"道之尊，德之贵，夫莫之命而常自然"。道家思想带有明确的尊重自然、顺应自然的生态意蕴。道家"道法自然"的生态思想对我们今天"绿水青山就是金山银山"的环保理念具有重要的启示。它告诫我们，尊重自然、顺应自然不仅是一种道德要求，更是人类社会持续发展的基础。法家主张以法治国，认为法律是治国之本，必须严格遵守。《韩非子·有度》曰："法者，天下之程式也，万事之仪表也。"法家主张制定明确的法律，确保法律的公正性和权威性，并通过法律来规范人们的行为，维护社会秩序和稳定。这种法治精神与现代社会的法治原则在很多方面是一致的，对于推动法治建设、维护社会公正具有重要意义。同时，法家还主张改革，认为只有通过改革才能推动社会进步和发展。法家主张对旧有的制度进行改革，以适应新的社会需求和形势。这种改革精神更是难能可贵，有助于鼓励人们勇于改革创新，推动社会进步和发展。此外，"位卑未敢忘忧国"的报国情怀，"为政以德，譬如北辰，居其所而众星共之"强调道德引领，"民惟邦本，本固邦宁"则体现民本思想。中华文明生生不息，中华优秀传统文化思想蕴含了丰富的治国理政思想和智慧，历经千年，依然具有强大的穿透力，为中国特色社会主义建设提供借鉴。我们要坚守中华文化立场，立足当代中国现实，结合当今时代条件，坚持创造性转化、创新性发展，不断从中华优秀传统文化中汲取治国理政的理念和思维。

此外，中华优秀传统文化思想还能够为全球治理提供思想智慧。中华优秀传统文化所蕴含的丰富哲学思想、人文精神、教化理念、价值观念和道德规范，为我国处理国际关系中的复杂问题提供了智慧和方法。从运用和平共处五项原则处理国际关系，到主张和平解决国际争端，以及和谐世界理念的提出，再到人类命运共同体的提出，中国共产党始终运用中华优秀传统文化思想的智慧处理国际关系问题，为全球治理提出中国方式。

第二节　中华优秀传统文化思想
为人类美好未来贡献中国智慧

　　中国传统文化素来强调"世界大同""兼济天下""大道之行，天下为公"的天下情怀，这种文化传统赋予了中国人民强烈的责任感和使命感。因此，热爱和平的中国人民始终致力于促进人类社会的和平、发展和合作。中国人民的天下情怀是一种深厚的文化传统和价值观，它体现了中国人民对人类社会、对世界和平与发展的深厚关切和不懈追求。从18世纪开始的工业革命，直到今天的信息时代，人类取得了空前的成就，同时也伴随出现了一系列发展难题，环境污染、资源衰竭、恐怖主义及局部战争等日益成为全球性问题。新的社会现实催生了新的理论。中国共产党把握历史发展大势，着眼于世界全局和人类未来，充分运用中华优秀传统文化思想的智慧，提出"一带一路"倡议和人类命运共同体理念，将中华优秀传统文化思想与世界大势相对接，为解决当今人类面临的共同问题提供了中国方案，也进一步推动了中华优秀传统文化思想的创造性转化和创新性发展。

一、当今世界面临诸多不确定、不稳定、不安全因素

　　第一，生态环境问题。随着生产力的不断提升，人们对自然资源的利用和开发也在不断加强，这为人们带来了更高的生产能力和生活水平。然而，这种过度的发展方式也带来了一系列的生态问题，人类面临着环境污染、生态失衡、灾害频发、水土流失等一系列严峻的环境挑战。这些生态环境问题

已经对人类的生存环境构成巨大的威胁，需要我们高度重视并积极应对。全球气候变暖是当前人类面临的一项重大环境挑战。由于大量温室气体的排放，地球大气中的温室效应不断增强，导致气温上升、极端天气增多、海平面上升等问题。随着气温的升高，空气和海洋中的热能供给增加，这导致大型甚至超大型台风、飓风、海啸等灾难的形成。此外，气温升高也加剧了陆地和海洋水分的蒸发，导致内陆地区大面积干旱，并对以珊瑚为基础的海洋生物链造成破坏。全球气候变暖的主要原因在于人类在近一个世纪以来大量使用矿物燃料，如煤、石油等，排放出大量的二氧化碳等多种温室气体。这些温室气体在大气中形成类似"毯子"的效应，使地球的气温升高。生物多样性的丧失也是人类面临的一个非常紧迫的问题。生物多样性的丧失，不仅意味着众多物种的灭绝，更意味着生态系统中重要环节的缺失，以及与之相关的生态服务功能的丧失。这些生态服务包括但不限于净化空气和水质、控制洪水和干旱、保护土壤、维持食物链的稳定等。此外，人类生态环境还面临着严峻的大气污染、土地荒漠化、森林锐减等一系列问题。这些问题相互交织，对人类生态环境构成了严重威胁。

第二，能源安全问题。人类文明发展离不开能源，能源的开发利用给人类生活带来了福祉。能源是推动人类文明不断进步的重要催化剂之一，是人类社会赖以生存和发展的关键要素。能源安全已成为影响各国可持续发展及世界和平稳定的战略性问题。能源不仅是人类社会发展的重要物质基础，还是关乎国家发展大计及国家安全的重大问题。然而，随着全球人口的增长和经济的发展，能源需求也在不断增加，这给能源安全带来了巨大的挑战。能源安全已成为影响各国可持续发展及世界和平与稳定的战略性问题。能源供应的稳定性直接关系到国家的经济发展和社会稳定。如果能源供应不足或不稳定，将会导致能源价格的波动和能源短缺，从而影响国家的经济发展和社会稳定。由于世界能源分布极其不平衡，造成了一些国际政治和地缘政治安全问题。一些国家拥有丰富的能源，而另一些国家则需要从其他国家进口能源。这种依赖关系可能导致国际政治的紧张和冲突，因此保障能源安全也是维护国际和平与稳定的重要因素之一。在此背景下，国际社会需要重塑全球能源治理体系，建立符合绝大部分国家共同利益的能源安全体系，以保证世界各国能源需求和国际能源安全。在应对全球气候变化的背景之下，全球能源转型已经越来越引起人们的重视，石化能源大量使用带来的气候、生态和环境问题日益凸显，开发可替代的新能源已经成为各国的重大经济战略。能源安全是影响各国可持续发展及世界和平稳定的战略性问题，不是单靠某几个发达国家或某个国际组织就可以解决的。国家间需要加强合作和协调，重塑全球能源治理体系，才能够有效地解决全球能源安全问题。

第三，公共卫生与安全问题。工业文明在全球的扩张推动了全球化进程，这一进程不仅改变了人类文明形态，也使一些不安全因素在全球范围内扩散。全球化进程的加速导致了一些疾病传播的加快，同时也让公共卫生和安全问题变得更加复杂和多样化。随着交通工具的改进和人口流动性的增加，新型病毒和细菌可以在短时间内从一个地方传播到另一个地方。例如，禽流感、新型冠状病毒等新型病毒的快速传播与全球化进程密切相关。这些病毒的快速传播给人类健康带来了严重威胁，同时也给公共卫生系统带来了巨大的压力和挑战。这种病毒传播速度快、影响范围广，使全球公共卫生系统面临了前所未有的挑战，再次引发了人们对国际公共卫生安全和全球治理的思考。这种跨国界的传播使公共卫生问题变得更加复杂、更加难以控制，给全球公共卫生系统带来了巨大的挑战。此外，全球化还加剧了公共卫生资源的分配不均。在一些贫困地区和发展中国家，由于公共卫生系统相对薄弱，缺乏足够的医疗设施和资源，因此这些国家在面对新型病毒和细菌的侵袭时更加脆弱，公共卫生问题也更加突出。

第四，恐怖主义和地区冲突问题仍然存在，对全球和平与安全构成严重威胁。恐怖主义是当今世界面临的严重威胁之一，并逐渐演变为全球性的安全问题。这种极端行为旨在通过暴力、恐吓和破坏来实现政治、经济或其他目的。恐怖主义不仅对受害者造成严重伤害，还对整个社会和国际秩序构成威胁。21世纪，恐怖主义已经成为国际社会普遍关注的焦点。近年来，恐怖主义事件在全球范围内频繁发生，包括炸弹袭击、枪击、化学或生物武器攻击等。这些事件不仅导致人员伤亡和财产损失，还破坏了社会的稳定和安全，对全人类和国际秩序构成严重威胁。地区冲突是全球和平与安全的另一个重大威胁。这些冲突常常源于政治、经济、民族或宗教问题，导致国家之间、民族之间或地区之间的矛盾和冲突。地区冲突不仅导致人员伤亡、财产损失和社会动荡，还可能引发更大范围的战争或冲突。例如，巴勒斯坦和以色列之间的冲突不仅影响中东地区的和平与安全，还对整个国际关系的走向产生深远的影响。

此外，国际社会仍然面临贫困和不平等问题、信息安全问题、耕地减少等全球性问题。这些问题与其他不安全因素相互交织，构成一幅错综复杂的全球挑战图景。面对这些挑战，国际社会需要加强合作和协调，共同应对。各国应该摒弃零和博弈的思维，树立人类命运共同体意识，携手推动全球治理体系的改革和完善。通过加强国际合作和交流，共同应对全球性问题，推动全球政治经济的均衡发展和人类的共同进步。

二、中华优秀传统文化思想能够为解决当今世界难题提供中国智慧

第一，中华优秀传统文化思想崇尚以和为贵的理念，倡导和平、和谐、包容的国际关系。自古以来，中国人已将"和"的概念深植于生活的各个角落，以和为贵也被视为中国人的核心价值观之一。作为中国古典哲学的核心概念，"和"字贯穿了中国历史发展的各个阶段及各家各派的思想，逐渐积淀为中华文化的基本精神，并成为中华传统文化的人文精髓和核心。

当今世界仍然不太平，和平与发展的时代主题面临严峻的挑战。当前国际关系面临深刻调整，传统大国与新兴大国之间的竞争日益加剧，地缘政治紧张局势加剧，全球安全环境日益复杂。同时，国际恐怖主义、极端主义和跨国犯罪等问题也日益严重，给国际社会带来巨大的挑战。加上气候变化、资源短缺、粮食安全等问题也日益严重，也给全球安全问题带来挑战。面对

严峻复杂的国际形势和挑战，国际社会需要加强合作和协调，共同应对全球性问题。

以和为贵强调人与人、民族与民族、国家与国家之间的和平与和谐。历史已经证明，战争和冲突只会给人类带来痛苦和伤害。在当今世界，以和为贵所崇尚的和平与和谐理念依然具有重要意义。周恩来同志提出的和平共处五项原则，正是中华优秀传统文化中以和为贵思想在当代的具体应用。在国际关系领域，以和为贵思想倡导和平、和谐、包容、合作的国际关系，这一理念有助于促进各国之间的友好合作，和平解决争端，共同应对全球挑战。在全球治理领域，以和为贵思想强调合作共赢的理念，倡导各国之间的相互尊重、理解和包容，推动全球治理体系的改革和完善。

以和为贵是中华优秀传统文化思想的重要组成部分，它对世界的贡献主要体现在促进国际关系和谐、推动全球治理体系变革、促进世界和平与发展，以及推动不同文明交流互鉴等方面。这种思想将继续在现代社会中发挥积极作用，为构建和谐世界、实现人类命运共同体提供重要的思想支持和文化资源。

第二，中华优秀传统文化思想积极倡导"和而不同"的思想理念，倡导不同文明的和谐共存。尽管中华优秀传统文化强调以和为贵的和平、和谐理念，但并不意味着为了"和"而毫无原则地一味妥协让步。实际上，中华文化还注重"和而不同"的精神，即尊重并包容不同的声音和观点，在追求和谐共处的同时，也强调个性与差异的存在。这种思想源自《论语·子路》篇中的"君子和而不同，小人同而不和"[1]，是中国古典哲学的一个重要观念。它体现了中国人对世界多样性的包容和理解，尊重个体，追求个性化，崇尚创新，并鼓励吸收多元文化。这种尊重差异、包容多样的精神，使中华文化在不断发展和创新的同时，能够保持其内在的稳定性和连续性。

在漫长的人类历史长河中，不同文明之间的交流与融合始终是推动人类文明进步的重要动力。谋求人类多种文明的和谐共存是人类文明发展的必然

---

[1] 论语 [M]. 杨伯峻，译注. 北京：中华书局，2006：200.

要求。当代西方一些发达国家试图将其发展模式推广至全球，这种一元化发展模式并未取得预期的效果。拉美国家就是其中一个典型的例子。拉美国家在历史上曾经是发达的殖民地经济体，随着国际形势的变化和为了满足自身的发展需求，它们逐渐走上了独立自主的道路。在向现代化转型的过程中，拉美国家面临着许多困难和挑战。其中，最突出的是其经济发展和社会结构的问题。西方发达国家在推广其发展模式时，往往忽略了拉美国家的实际情况和独特的历史文化背景。西方国家强制推行自由市场经济和民主政治制度等西方模式，但未充分考虑这些模式是否与拉美国家的实际情况相契合，结果导致拉美国家在经济、社会和文化等方面出现了严重的不适应"症状"。拉美国家的例子充分展示了"和而不同"的重要性，即在追求现代化和发展的过程中，应尊重并包容不同文化和国家的独特性，以实现真正的和谐共存。事实证明，在这个全球化日益加强的世界里，不同文明、不同国家之间的交流与融合是不可避免的。然而，这种融合并不意味着人们必须放弃自己的独特性和特点，去迎合其他文明或国家的发展模式。相反，"和而不同"的理念鼓励不同国家和地区在保持自身独特性的同时，积极寻求与其他不同文明的交流与合作。每个国家和地区都有其独特的文化、历史和社会背景，这些背景决定了各国有适合自身的发展道路和模式。因此，我们应该尊重每个国家的选择，鼓励各国在保持自身独特性的同时，积极寻求与其他国家的交流与合作。

"和而不同"的思想是中国传统哲学朴素的辩证法的集中体现。人们认为事物都是由对立面构成的，而这些对立面并不是互相排斥的，而是相互依存、相互补充的。人们认为万物都有其独特的存在和价值，世界的美好是由多样性构成的。"和而不同"体现了中国哲学中的思维方式和处世态度。因此，在处理问题时，中国人注重寻找事物的平衡点，追求一种既不过于偏激也不过于妥协的解决方案。这种辩证思维的方式，使中华文化能够在处理复杂问题时表现出极大的灵活性和适应性。

在全球化背景下，"和而不同"的思想具有重要的现实意义。随着全球化的不断深入，各国之间的文化交流和文化多样性日益受到重视。在这个过程中，尊重不同文化的差异性和多样性是实现和谐共处和持续发展的前提条件。内在的和谐统一而非表象的一致性是"和而不同"的追求目标。同时，"和而不同"的精神也是解决全球性问题的关键所在。在处理全球性问题时，各国应摒弃零和博弈的思维，寻求共同的解决方案，建立最大公约数的价值评定体系，促进多元文化共生，尊重不同国家的国情和文化传统，追求一种既符合共同利益又尊重个性的解决方案。因此，我们应该在推动全球治理体系改革和完善的过程中，始终坚持"和而不同"的理念，以实现人类文明的和谐共存和持续发展。

第三，中华优秀传统文化思想蕴含"天人合一"的智慧，倡导人与自然和谐共生的生态思想。

中国人自古以来就注重思考和探索人与自然的关系，"财成天地之道，辅相天地之宜"[1]，表达了中国人对人与自然和谐共生的观察和理解。从今天的立场来看，"天人合一"的理念将人性理解为一种道德本性，实际上是将人性作了先天的预设，具有唯心主义的倾向。但是，它所强调的人与自然和谐相处的思想仍然具有重要的指导意义。这种思想有助于引导人们关注生态环境保护，推动可持续发展，为解决全球气候变化、资源短缺等难题提供思路。它提醒我们，人类与自然是一个有机整体，我们应当尊重自然、顺应自然、保护自然，实现人与自然的和谐共生。

"天人合一"思想在中华传统文化中有着深厚的根基。儒家主张人与自然应和谐相处，对自然资源要取之有度，用之有节，以保证生态资源的可持续利用。孟子说："不违农时，谷不可胜食也；数罟不入洿池，鱼鳖不可胜食也；斧斤以时入山林，材木不可胜用也。谷与鱼鳖不可胜食，材木不可胜用，是使民养生丧死无憾也。养生丧死无憾，王道之始也。"[2]这段话体现了孟子的人文关怀和生态思想，只有尊重自然万物的生长规律，才能保证生态资源的可持续利用。荀子说："圣王之制也；草木荣华滋硕之时，则斧斤不

---

❶ 《周易》译注 [M]. 黄寿祺，张善文，译注. 上海：上海古籍出版社，2007：74.

❷ 孟子 [M]. 方勇，译注. 北京：中华书局，2010：5.

入山林，不夭其生，不绝其长也；鼋鼍、鱼鳖、鳅鳝孕别之时，罔罟、毒药不入泽，不夭其生，不绝其长也。春耕、夏耘、秋收、冬藏四者不失时，故五谷不绝，而百姓有余食也；污地渊沼川泽，谨其时禁，故鱼鳖优多，而百姓有余用也；斩伐养长不失其时，故山林不童，而百姓有余材也。"❶ 这段文字强调了圣帝明王的管理制度应该是尊重自然、保护生物多样性、遵循自然规律、合理利用资源，体现了对自然资源的合理利用和保护意识。道家思想也包含"天人合一"的观念，主张人类应当顺应自然，追求与自然的和谐。老子曾言："人法地，地法天，天法道，道法自然。"❷ 人应该遵循大地的规律，大地应该遵循天的规律，天应该遵循道的规律，而道的规律就是自然。道家这一思想强调人类与自然之间的和谐关系，以及人类应当尊重自然、顺应自然、保护自然的理念。同时，佛家思想中也有"依正不二"的观念，即人类和自然环境是一个整体，彼此相互依存，不能分割。总的来说，"天人合一"思想不仅是中华传统文化中的宝贵遗产，更是对当今世界面临的生态环境问题提供了一种深刻的思考和解决之道。

当代西方工业文明的发展的确为推动人类社会的发展做出了巨大的贡献，诸如生产效率的提升、生活品质的改善，以及科技的持续进步等。然而，我们要认识到，这种文明是以人类为中心的，它强调人类在宇宙中的核心地位及优越性。在这种观念的影响下，人类被视为宇宙中最为重要、优秀和智慧的存在，而其他生物和自然则被视为服务于人类的工具。在这种观念的驱动下，自然界被视为一种被动且机械的存在，而人类则扮演着自然的主人和征服者的角色。然而，这种不平等的关系不可避免地导致人类对自然的过度开发和利用，进而引发自然状况的日益恶化。这种恶化的自然环境不仅威胁到各种生物的生存，也对人类的生存状况产生日益严重的影响。

在面对复杂多变的生态危机时，"天人合一"思想的重要性愈发凸显。这一思想有助于引导人们关注生态环境保护，为构建以生态平衡为中心的现

---

❶ 荀子 [M]. 方勇，李波，译注. 北京：中华书局，2011：128.

❷ 老子 [M]. 汤漳平，王朝华，译注. 北京：中华书局，2014：95.

代生态伦理观、生态哲学提供丰富的思想资源。它有助于引导人类树立可持续发展的理念，为解决全球气候变化、资源短缺等难题提供思路。在应对气候变化方面，人们应当采取低碳、环保的生活方式，减少碳排放，以减缓全球气候变暖的速度。这包括使用清洁能源、推广绿色出行、减少废物排放等措施。同时，在资源利用方面，人们应当提高资源利用效率，减少浪费和污染，以实现资源的可持续发展。这包括推广循环经济、加强资源回收利用、提高能源利用效率等措施。

总之，"天人合一"思想为我们提供了宝贵的启示，它提供了理解人与自然关系的哲学构架和思维模式，放弃近代机械自然观主客二分的思维方式，从对立和统一的关系来认识人与自然的关系。这一思想有助于引导人们以一种整体思维模式去关注人类发展问题，包括生态环境保护和可持续发展。它为解决全球气候变化、资源短缺等难题提供思路和启示，为人类未来的可持续发展提供重要的思想支持。在全球化的背景下，"天人合一"思想将继续发挥重要作用，为构建和谐的人类社会和生态环境做出贡献。

第三节　中华优秀传统文化思想的主体

我国是拥有数千年文明历史的国度，中华优秀传统文化思想可谓博大精深、源远流长，本书不可能全部涉猎，而是选取其中的主体部分：民本、大同、和合、家国四种文化思想及其当代价值来进行深入探讨。之所以选取这四种优秀思想，是因为它们不仅蕴含中华民族最根本的精神基因，代表独特的精神标识，更是中华民族的突出优势和最深厚的文化软实力，也是建设当代中国人精神家园的良种、解决思想道德领域突出问题的良方。同时，这些思想主体能够为应对全球所面临的共同挑战、构建人类命运共同体提供中国哲学和中国智慧，同时也为全球的发展和进步提供另一种独特的哲学方法。

一、中华优秀传统文化思想的主体

民本思想

民本思想作为中华优秀传统文化思想的一部分，在中华文明的演变过程中扮演了至关重要的角色。这一思想的核心是强调以人民为中心的治国理念，视人民为国家的基础和根本。作为中国传统政治文化中重要的价值观念，民本思想凸显了人民的地位和作用，为现代社会治理提供了重要的思想源泉。

民本思想是中国古代政治家、思想家将民众视为安邦治国根本的政治学说，它富含重民、为民、富民、养民、教民等内容。这一思想强调民众在社会中的基础地位和重要性，认为民众是国家的根本和基础，重视民众在国家的经济、政治和道德生活中的地位和作用。民本思想主张统治者应该重视民意和民生，尊重民众的权益和利益，以民众的福祉为治国安邦的根本目标。这种思想对于中国古代的政治、经济、文化等方面都产生了深远的影响。虽然传统民本思想产生于封建社会，提出者是封建政治家和思想家，但其出发点和落脚点都是为了维护封建统治阶级的统治，带有一定的历史局限性；但是其内容与形式仍然具有重要意义，如强调民主的重要性和基础地位、倡导关注民生和民意、强调权利的合法性和限制性等思想对于当今社会仍然具有指导意义。因此，认识传统民本思想的积极性，有利于将其应用到当代政治治理的实践中，促进民主政治实现更好的发展。

研究文献发现，中华传统文化中的民本思想具有分散性和开放性的特点。这一思想如同一条源远流长的河流，在不同的历史阶段，不同的思想家们不断为其注入新的内涵和解读。孔子提出"道之以德，齐之以礼，有耻且格"❶的教民思想和"富与贵,是人之所欲也;不以其道得之,不处也"❷的富民思想,强调统治者应以道德教化民众,并鼓励民众通过正当途径获得财富。孟子认为:"得天下有道:得其民,斯得天下矣。得其民有道:得其心,斯得民矣。得其心有道:所欲与之聚之,所恶勿施,尔也。"❸要得天下必须先得民心,而得民心则需要关注民众的需求和意愿。荀子则主张:"足国之道:节用裕民,而善臧其余。节用以礼,裕民以政。"❹节用裕民,通过政策来满足民众的需求,使国家富强。唐朝的杜甫则以诗歌的形式表达了对民生的关切和对民本思想的倡导。宋明时期,朱熹、王阳明等理学大家强调"格物致知""致良知"等理念,以及个体对道德的自觉追求和社会的责任担当。这些思想都为民本思想注入了新的元素,使其更加丰富和多元。民本思想在历史发展中不断丰富和深化,这种分散与开放的特点使民本思想在中国文化中得以丰富和发展。同时,也为后人提供了深入研究和理解的广阔空间。中国传统民本思想这种开放式的特点,随着时代的发展其内涵和外延不断延伸,为新时期民本思想的继续发展和深化打下基础。

在新的历史时期,中国共产党结合时代特点,对传统的民本思想进行扬弃,将传统民本思想的重民、为民、养民及富民这一核心内容上升到新的高度,从重民到人民当家作主、从为民到全心全意为人民服务、从富民到全体人民共同富裕,形成以人民为中心的发展思想,体现了中国共产党深厚的人民情怀,也彰显了新时代中国共产党治国理政的智慧。

大同思想

大同思想作为中国传统政治文化中的理想社会观,源远流长,最早见于《礼记·礼运》。该思想描绘了一个理想社会的蓝图,其中没有阶级的分化,没有贫富的差距,人人平等,共享劳动成果,人们和睦相处,和谐共生。这

---

❶ 论语 [M]. 杨伯峻,译注 . 北京:中华书局,2006:15.

❷ 同 ❶ 49.

❸ 孟子 [M]. 方勇,译注 . 北京:中华书局,2010:137.

❹ 荀子 [M]. 方勇,李波,译注 . 北京:中华书局,2011:140.

一思想对于后来的中国社会产生了深远的影响，成为中国人追求美好社会的重要思想来源。大同思想是中华传统文化中的一颗璀璨明珠，其所倡导的人人平等、没有剥削、天下为公的思想理念是千百年来中国人民孜孜以求的社会理想。大同思想的内涵丰富，并随着时代发展而不断演变，在长期的历史发展中，不断被赋予新的时代要求。

从先秦时期的诸子百家到清末民初的爱国思想家，大同思想在中国历史长河中持续发展并不断演变。作为中国传统政治文化的重要组成部分，大同思想成为中国历史上不可或缺的重要思想。儒家、墨家、道家等学派都提出了各自的大同理想，这些思想流派为中国历史上的大同思想奠定了基础。儒家以仁爱为核心，主张通过道德教化来实现天下大同；墨家提倡"兼爱""非攻"，追求社会和谐；道家则倡导无为而治，追求自然和谐。这些思想流派的大同理想，既展现了中国古代人民对于美好社会的向往，也为后来的大同思想提供了丰富的思想资源。到了清末民初，随着中国社会的变革和转型，大同思想也发生了新的变化。在这个时期，爱国志士们开始将大同思想与民族独立、国家富强等现实问题相结合，提出新的大同理念。他们认为，只有通过实现民族独立和国家富强，才能真正实现大同理想。这种新的大同理念既体现了中国古代大同思想的传统，又具有鲜明的时代特征。

在近代中国面临前所未有的巨大变局时，大同思想作为中华文化中深深烙印的理想社会理念，再次受到一些杰出思想家的重新解读和阐释。包括康有为和孙中山在内的思想家们，通过吸收和借鉴西方思想，对传统的大同思想进行了丰富和发展。他们的理论在当时社会高引起了巨大的反响，并在一定程度上推动了中国人民的思想解放。康有为以儒家大同思想为基础，提出建立一个"人人相亲，人人平等，天下为公"❶的社会。在他的理念中，这个理想社会是公正、平等、和谐的，人们相互尊重、相互帮助，共享社会的繁荣和进步。孙中山结合西方的民主共和制进一步改造和发展了大同思想，提

---

❶ 康有为.大同书[M].沈阳：辽宁人民出版社.1994：10.

出建立一个"民族、民权、民生"的理想社会。这个理念强调了人民的权利和自由，以及人民对于社会建设和决策的参与和主导。这些思想在中国的近代历史上有着重要的影响，它们代表了那个特殊历史时期人们对于理想社会的追求和探索。然而，由于历史和阶级的局限性，这些大同思想还无法完全实现，它们仍然是一种空想。尽管如此，这些思想的传播和影响对于近代中国人民的思想解放起到了积极的推动作用，为马克思主义在中国的传播提供了思想和理论上的铺垫。

和合思想

"和""合"二字在中国传统文化中，最能体现中国精神文化的核心和精髓，更是中华民族的重要价值取向。《老子》提出"万物负阴而抱阳，冲气以为和"，认为道蕴涵阴阳两个相对方面，万物都包含着阴阳，阴阳相互作用而构成"和"。这是宇宙万物的本质及天地万物生存的基础。《论语·学而》中将"和"作为处世、行礼的最高境界，表明和谐在人际关系中的重要性。墨子、管子、荀子等先秦诸子也有关于"和"或"和合"的论述，体现出和谐理念在古代思想中普遍存在。两汉时期，和合概念与佛教文化相互融合，成为中华传统文化中儒、道、释所通用的重要概念。这一概念也被其他文化流派的思想家广泛接受并运用。汉代大儒董仲舒在总结前人思想观点的基础上，系统地阐释了"天人之际，合而为一"的哲学理念，使和合思想由人伦自然范畴走向意识形态层面。经过宋代周敦颐、张载、"二程"（程颢和程颐）、朱熹等理学家对和合思想的诠释，明代王阳明、李贽等士大夫的阐扬，以及明末清初王夫之、顾炎武、黄宗羲等思想家的发挥，和合思想逐渐成熟与完备。和合思想在中国传统文化中占据重要地位。其内涵丰富，涉及宇宙万物、人际关系、社会和谐等多个方面。这一思想对中国历史的发展产生了深远影响，也为现代社会提供了宝贵的智慧启示。

和合思想，作为中华文明的精髓和精神灵魂，经历了漫长历史的洗礼，深深地渗透到民族文化的各个层面和领域。从人与自然的交互出发，和合思想演变成了"天人合一"的观念，它代表中华民族对自然界的尊重和理解，体现了人与自然和谐共生的理念。在人与社会的关系方面，和合思想进一步发展成为"和为贵"的观念，这一观念强调了社会的和谐与团结的重要性，它成为中华民族在族群融合和社会构建过程中的重要价值观。在人际交往中，和合思想具体化为"己所不欲，勿施于人"的观念，这一观念传达了相互尊重、平等相待的重要性，它成为国人约束和规范自身行为的重要伦理观。对于人与自身的关系，和合思想则浓缩为"正心诚意"的观念，强调个人品德修养和自我完善的重要性。在文明与文明的关系方面，和合思想升华为"协和万邦""天下大同"的观念，体现了中华民族对和平的崇尚，以及对推动不同文明和谐共处的执着追求。总的来说，和合思想已经渗透到中华民族文化的各个方面，成为中华民族精神的重要组成部分。它强调和谐、合作与共赢的价值观，对于推动人类社会的进步与发展具有重要意义。

和合思想是中华传统文化思想中最富生命力的文化内核和因子。和合文化是一种全面的和谐理念，它不仅强调个体身心的和谐、人与人之间的和谐，以及群体与社会的和谐，更进一步要求人与自然的和谐。在当今社会，面对社会矛盾、人与自然的冲突等问题，和合文化提供了重要的借鉴意义，为我们寻求解决方案提供了有益的启示。

因此，要深入挖掘和阐发中华优秀传统文化思想中讲"仁爱、重民本、守诚信、崇正义、尚和合、求大同"的时代价值，使中华优秀传统文化思想成为涵养社会主义核心价值观的重要源泉。在社会主义现代化建设过程中，加强对和合思想的研究，探寻其实践价值，实现和合思想的创造性研究和创新性发展，是时代赋予我们的使命。只有这样，才能更好地传承和弘扬中华优秀传统文化，为全面建成社会主义现代化强国提供有力的思想支撑。

家国思想

家国思想深深植根于中国数千年的文明和历史之中，是中国传统社会稳定运行的主导意识形态。作为中华优秀传统文化的核心，家国思想起源于"家国同构"的社会结构和"家国一体"的文化观念，体现个人命运与国家命运紧密相连的情感认同。在中华传统文化中，家国思想已经深深烙印在每个中国人的心中。它超越一般的爱国情感，成为一种更为深刻和全面的文化理念和精神支柱。它表达了人们对家庭、民族和国家的深厚热爱和情感归属，体现人民对国家富强、民族振兴、人民幸福的渴望和追求。

家庭是社会的基本单元，家庭的和谐与幸福是社会和谐稳定的重要前提。国家则是家庭的延伸，为个人和家庭提供安全保障，中华传统文化中强调"欲安其家，必先安于国"，这表明国家的繁荣与稳定是家庭幸福的基础，而家庭的和谐与幸福也是国家稳定和发展的重要保障。在当前阶段，中国正处于全面建成社会主义现代化强国的关键时期，需要每个人都积极参与国家建设和发展，为国家的繁荣做出贡献。同时，每个家庭也应该注重家庭建设，培养良好的家风和家庭关系，让每个家庭都能享受到和谐与幸福的家庭生活。只有当每个人、每个家庭都能安居乐业、幸福美满时，整个社会才能更加稳定、和谐、有序地发展。只有将个人利益、家庭利益与国家命运紧密结合，才能使每个人都认识到自己的责任和使命，积极参与到社会建设和国家发展中来。只有这样，我们才能凝聚力量，实现国家的富强和安定。

重构家国思想对于厚植爱国主义情怀、增强家国共同体意识、增强中华民族的认同感具有重要意义。在深入挖掘家国思想的价值理念并对其进行创造性转化和创新性发展的过程中，需要体现爱国、爱社会主义、爱人民的时代特色，将家国思想与社会主义核心价值观相结合，弘扬爱国主义精神，培养人们的国家意识和集体主义观念。这是因为当今中国是以人民为中心的社会主义国家，新时代的家国思想应该符合社会主义国家的发展准则。只有这样，我们才能更好地传承和弘扬中华优秀传统文化，为构建社会主义和谐社会提供有力的思想支撑。

二、民本、大同、和合、家国思想并非割裂的，而是有着内在的有机联系

民本、大同、和合、家国思想在中华传统文化中相互交织、相互渗透，共同构成中华民族独特的思想体系。这种思想体系不仅影响着中国社会的各个方面，也塑造着中华民族的文化品格和精神风貌。在新的历史时期，我们应该继续弘扬这些优秀传统文化思想，为实现中华民族伟大复兴的中国梦而努力奋斗。

民本思想是基础，大同思想是目标，和合思想是保障，家国思想是支撑。它们相互交织、相互渗透，共同构成中华民族独特的思想体系。这种思想体系不仅影响着中国社会的各个方面，也塑造着中华民族的文化品格和精神风貌。首先，民本思想是其他思想的基石。只有关注民生福祉，才能实现社会的公平正义和人民的幸福安康。同时，民本思想也是大同思想的基础。只有以民为本，才能建立一个真正平等、自由、幸福的社会。其次，大同思想是其他思想的终极目标。只有实现大同社会，才能真正实现人民的幸福和社会的和谐稳定。同时，大同思想也是和合思想的体现。只有在和谐共生的基础上，才能实现社会的和谐发展。再次，和合思想是其他思想的保障。只有实现人与人之间的和谐相处、人与自然之间的和谐共生、人与社会之间的和谐发展，才能真正实现社会的稳定和发展。同时，和合思想也是家国思想的具体体现。只有在和谐的家庭、和谐的社会、和谐的国家基础上，才能实现中华民族伟大复兴。最后，家国思想是其他思想的支撑。只有注重家庭伦理、家族传承和国家责任，才能够凝心聚力，真正实现中华民族伟大复兴。同时，家国思想也是民本思想的保障。只有在关注家庭、家族和国家的基础上，才能真正实现以民为本的目标。

第二章

民本思想及其当代价值

民本思想是中华优秀传统文化中的重要组成部分，是中国传统治国理论的核心。在中国古代政治理论体系中，民本思想占据极其重要的地位，并随着中国古代封建王朝的兴衰而演变。民本思想认为人民是国家的根本和基础，只有尊重人民、关心人民、依靠人民，才能实现国家的长治久安。民本思想的核心是重民、贵民、安民、恤民、爱民等，强调国以民为本，君以安民为务，治国应以爱民、富民、养民为基本方略。历史上许多杰出的政治家和思想家都提出了类似的民本思想，如孟子的"民贵君轻"、荀子的"君舟民水"等。民本思想体现古代先贤对天地大道运行规律的把握和对国家兴衰成败经验的总结，在中华文化发展史上具有重要意义。

在封建社会，由于阶级和生产力水平的限制，传统的民本思想是以"君本位"或"官本位"为前提的。在这种社会政治形态中，民本的主体是君主及其统治阶层，而不是人民。民本思想被视为封建统治阶层治国安邦的一种手段，而不是目的。真正的目的是通过爱民、富民、养民等口号来巩固其封建统治。然而，民本思想也有其历史进步性。随着时代的变迁，民本思想不断自我调适，为当代中国国家制度和治理体系提供文化底蕴与历史力量。它为当代治理理念提供丰富的思想资源，并对当今民生事业、治理体系和治理能力的现代化具有重要的理论价值。因此，我们不能简单地将民本思想视为封建统治的工具，而应该看到它在历史进程中的积极作用。在当今社会，我们应该借鉴民本思想中的有益元素，将其融入现代治理体系中，以更好地服务人民，实现社会的和谐稳定和发展。

第一节　民本思想的起源及历史发展

民本思想的历史最早可以追溯到与神本思想的反叛和对人类社会发展的认识，它的形成和完善则是在与君本思想的对峙中实现的。在几千年的封建社会中，传统民本思想经历了不同的发展阶段。民本思想的正式提出是与君本思想相对的，最早可以追溯到《虞下书·五子之歌》中的"民惟邦本，本固邦宁"的论述。民本思想萌芽于西周，形成于春秋时期，发展于汉唐时期，在战国时期臻于成熟。

民本思想的出现源于古代先哲对人与自然、人与社会关系的深入认知与探索。在远古时代，面对无法应对的天灾人祸，人们对美好生活的向往寄托于神灵，因此形成强烈的神本意识。从夏朝的"天"到商朝的"帝"，可以看到无论统治阶级还是普通民众，都将先祖神灵视为最高的信仰。

《礼记·表记》记载："夏道尊命，事鬼敬神而远之，近人而忠焉。殷人尊神，率民以事神，先鬼而后礼。周人尊礼尚施，事鬼敬神而远之，近人而忠焉。"❶ 这句话的意思是：夏朝人尊重天命，侍奉鬼神但并不亲近他们；殷人尊奉神灵，重视祭祀鬼神，而后再讲究礼仪；周朝的人们则重视礼节、崇尚德行，侍奉鬼神但并不亲近他们。《礼记·祭义》中讲："是故，先王之孝也，色不忘乎目，声不绝乎耳，心志嗜欲不忘乎心。致爱则存，致悫则着，着存不忘乎心，夫安得不敬乎？"❷ 这段话强调了祭祀时应该全心全意，虔诚恭敬，并且要像亲人还在身边一样对待他们。说明这一时期是一个"以神为本"的阶段。在夏商周政权更迭的过程中，统治阶级逐渐认识到民众的力

---

❶　礼记 [M]. 胡平生，张萌，译注. 北京：中华书局，2017：1056，1057.

❷　同❶895.

量。周朝初期，统治者虽然没有摆脱"神本主义"的天命观，但是对人民重视的思想已经开始形成。周公总结了商朝灭亡的经验教训，提出"敬德保民"和"以德配天"的治国之道。这一思想逐渐改变了上古时期绝对主义的神本理念，提出民意在国家政治和社会治理中的重要作用。在此之后，人们对"神"与"民"关系的认知逐渐发生了转变，从重视神灵转变为关注民众的利益。在这一转变过程中，民本思想开始萌芽。

在春秋战国时期，周朝王室逐渐失去了对各个诸侯国的掌控，使得"礼崩乐坏"，社会秩序动荡。在这个时期，各个诸侯国之间的战争变得日益频繁，规模也逐渐扩大，从最初的争夺霸权转变为兼并土地、人口和财富。与此同时，周朝王室的权力和影响力逐渐减弱，众多诸侯国开始崭露头角，形成相互竞争的态势。在这个阶段，社会变革和政治斗争异常激烈，许多统治者开始认识到民本思想的重要性。这一时期的思想家们更加关注民生问题，强调统治者必须关注人民的生活，爱护和重视人民，将人民视为实现政治统治的关键因素。因此可以说，春秋时期民本思想的发展是与当时的政治实践密切相关的。这一时期的文化思想也得到了快速发展，形成了众多学派和思想家争相斗艳的盛况。尽管诸子百家在政治理论上存在分歧，但他们都一致认为民众对于国家安宁和社会稳定起着积极的作用。

传统民本思想的"以民为本"理念，并非将民视为国家的根本，而是在国家治理过程中强调重民的思想。其中，儒家的民本思想对于中国古代的政治思想和政治制度产生深远的影响，也为现代社会的治理提供重要的借鉴和启示。儒家思想的集大成者孔子提出在政治实践上要"为政以德"❶，以"惠民""敬民"为施政理念。孟子则进一步提出"民为贵，社稷次之，君为轻"❷的主张，认为君主治国理念应以百姓利益为主。荀子则用"君子者，舟也；庶人者，水也。水则载舟，水则覆舟"❸来比喻君主与民众之间的关系，强调人民对于封建王朝政权的重要性。在道家思想中，民本思想也有所体现。老

---

❶ 《论语》译注 [M]. 杨伯峻，译注 . 北京：中华书局，2006：14.

❷ 孟子 [M]. 方勇，译注 . 北京：中华书局，2010：289.

❸ 荀子 [M]. 方勇，李波，译注 . 北京：中华书局，2011：499.

子主张"无为而治"，强调让事情自然发展，避免过度干预；庄子则倡导"天人合一"，引导民众顺应自然规律，追求内心的平静与和谐。这些思想都体现了对民众的尊重和关注，以及对社会治理的主张。墨家思想中重视民本思想体现在多个方面。墨子主张以"兼相爱，交相利"为核心，政治上主张尚同、尚贤和非攻，经济上主张节用、节葬和非乐。同时，他还强调对于民众的尊重和关注，以及对于民众的教育和培养。这些思想都体现了墨子对于民本的重视和对于社会和谐的追求。自春秋时期至战国时期，民本思想的阶级本质没有发生变化，其核心理念仍然是维护统治阶级的利益，但无论在理念上还是实践上，相较于前一段时期更加深化，民本思想已经逐渐形成。

汉唐两宋是民本思想的发展时期。汉唐时期的民本思想在社会政治生活、思想和文化等各个方面都得到了广泛探讨和应用。在这一时期，统治者和思想家们对民本思想的深入探讨和实践，使这一思想体系得到进一步的丰富和深入。汉朝初期的民本思想是在对秦暴政反思的基础上出现的。秦国历经秦朝二世而亡，西汉统治者极其重视民本思想的理论和实践。无为而治的黄老思想则是这一时期民本思想的集中体现。无为而治是一种治理思想，强调不要过度干预，而是让事物按照自身规律发展。这种思想中所包含的民本思想是：让人民自由、自主地发展，不横加干涉，不胡作非为，反对严酷的刑法和苛政。这种思想认为，人民是国家的根本，应该重视民众在社会生活中的重要地位，把民众视为国家之根本。黄老的民本思想既包含尊民、重民等思想，也有强烈的驭民、使民观念。贾谊的民本思想主要体现在《新书》中，强调"民为贵，君为轻"，认为人民是国家的根本，应该得到最高的重视。他主张实行仁政，以改善人民的生活和利益。董仲舒则提出"天人感应"的理论，认为天命所归在于人间万民的幸福安康，这为民本思想提供了更加深厚的理论基础。他主张"以德治国"，强调君臣平等，认为君主应该以德行来治理国家，而不是依靠暴力和权威。东汉时期民本思想的代表人物是王符和荀子。王符的民本思想主要体现在《潜夫论》中，强调"国以民为基"，认为人民是国家的基础和根本。他主张实行仁政，以改善人民的生活和利益，同时反对奢侈浪费和贪污腐败。王符的民本思想具有强烈的批判精神，他对当时社会的不公和不平等现象进行了猛烈抨击，提出许多具有建设性的改革方案。荀悦的民本思想则主要体现在《申鉴》中，强调"君以民为本"，认为君主应该以人民利益为重，而不是以自己的私利为先。他主张实行德政，认为只有通过道德教化和公正的法律才能真正地治理好国家。同时，荀悦的民本思想也具有强烈的批判精神，他对当时社会的虚伪和腐败现象进行了深刻揭露和批判。这些思想对汉朝历代帝王强化民本意识、不断制定重视人民生活的经济制度、政策起到重要作用，使汉朝走向民富国强。唐代统治者也如是，唐太宗自觉意识到："君依于国，国依于民。刻民以奉君，犹割肉以充腹，腹饱而身毙，君富而国亡。故人君之患，不自外来，常由身出。夫欲盛则费广，费广则赋重，赋重则民愁，民愁则国危，国危则君丧矣。"李世民提出国依于民的重民思想，提醒统治集团必须重视民众的利益，否则将失去民心。这种重民思想使唐代实行开明政治，纳谏任贤，建立君民和谐关系，才有了历史上著名的"贞观之治"。

宋代学者进一步深化民本思想的理论基础，并将其推向更为理性的阶段。他们注重从理论上探讨民本思想的核心问题，即君民关系问题。程颐、朱熹等宋代学者认为，君主应该以人民的利益为出发点和归宿，实行仁政，以道德教化人民，促进社会的和谐稳定。同时，他们也强调君主应该顺应天意，行天之道，以人民利益为重，而不是以自己的私利为先。程颐在《代吕晦叔应诏疏》中曾提到"为政之道，以顺民心为本，以厚民生为本，以安而不扰为本"，意思是为政者要以顺应民心为根本，以改善民生为根本，以安民而不扰民为根本。朱熹继承北宋思想家的民本思想，并进一步提出"人君为政在于得人"的治国方略。朱熹在《四书章句集注》中提到："盖国以民为本，社稷亦为民而立。"值得一提的是，朱熹在给《孟子·尽心下》"民为贵，社稷次之，君为轻"做注释时，补充道，"国以民为本，社稷亦为民而立"，进一步强调人民在国家中的重要地位。同时，朱熹也强调君臣关系，认为君臣应该相互依存、相互制约，君主应该顺应天意，行天之道，以人民利益为重。这些思想观点为后世的统治者提供了重要的理论和实践借鉴，也为现代社会的治理提供了有益的启示。

　　明清时期，绵延几千年的封建社会已经走到穷途末路，日渐衰微。民本思想得到进一步的丰富和发展，但是明清时期的民本思想与之前的民本思想相比，发生了实质性的改变。首先，明清时期的民本思想在形成方式上发生了改变。明朝中后期，儒生、士大夫在与专制君主的"冷战"和对抗中，逐渐认清了君主专制制度的本质，出现了以反对君主专制为特征的政治思潮，提出了"民本—限君"的政治模式。这种新民本思想是传统民本思想的一大突破和创新。其次，明清时期的民本思想在内容上也有所改变。传统的民本思想强调"君以民为本"，即君主应该以人民作为治国安邦的根本，而明清时期的新民本思想则更强调"君与民同体"，即君主和人民应该相互协作，共同治理国家。这种新民本思想强调尊重民意、保障民众权益，以实现社会和谐稳定为目标。这一时期的民本思想，不仅是对传统儒家思想的继承和发展，更是对当时社会现实的深刻反思。明末清初，著名思想家黄宗羲提出"天下为主，君为客"的时代命题，这个观点的提出，主要是反对封建君主专制制度。黄宗羲主张以"天下之法"取代皇帝的"一家之法"，从而限制君权，保证人民的基本权利。他的政治主张抨击了封建君主专制制度，有极其重要的意义，对其后的反专制斗争起了积极的推动作用。同时，他也强调君臣关系，认为君臣应该相互依存、相互制约，君主应该顺应天意，行天之道，以人民利益为重。这个思想进一步发扬了中国古代的"公天下"论。黄宗羲以天下为公、一人为私为价值尺度，对皇帝制度下的帝王意识、政治关系和政治体制进行了深入的探讨和思考。总的来说，黄宗羲的"天下为主，君为客"的观点，体现了他对人民利益的关注和对封建君主专制制度的批判，对后世产生了深远的影响。王夫之的民本思想则充满了浓厚的人道主义精神。经历过农民起义的王夫之对民本思想有了新的理解，他认为百姓和皇帝的关系绝对是息息相关的，"君以民为基，生以杀为辅，无民而君不立，无杀而生不继"。意思是君主要以百姓为根基，有民众才会有皇帝，民心的稳定决定君主统治是否能够长期存在。清末维新派志士谭嗣同称王夫之的思想"纯是兴民权之微旨"；梁启超认为王夫之的《黄书》和黄宗羲的《明夷待访录》具有同等价值。综上所述，明清时期的民本思想在形成方式和内容上都发生了实质性的改变，冯天瑜、谢贵安先生把这一时期的民本思想称为"新民本"思想，以区别于以前的"旧民本"思想。这种"新民本"思想是对传统民本思想的一大突破和创新，它丰富和发展了民本思想的理论体系，为后世的政治改革和社会进步提供了重要的思想资源。

第二节　民本思想的主要内容

中国传统的民本思想是中华传统文化思想的重要核心理念之一，它不仅在形成中国传统的政治思想中发挥了重要作用，还对中国传统的政治实践产生了深远的影响。传统民本思想的诞生，打破了人们对神的崇拜，凸显了人的重要性。在浩渺的中国历史发展长河中，各代君王和思想家在处理国家和人民、君主与人民的关系时，都提出了各自的主张，形成了内容丰富、理论多元的民本思想。中国古代的民本思想主要涵盖三个层面：经济上，主张富民优先，强调藏富于民；政治上，强调民意的重要，主张重民、贵民；文化上，注重教育民众，强调教化万民。

一、经济上富民、利民

富民、养民思想是民本思想在经济关系上的表现。一些思想家认为，以民为本的思想肯定了人们追求财富的正当性。他们认为，追求富贵不仅是人之常情，而且是国家治理和教化的基础。因此，应该允许百姓通过正当手段获取物质利益，同时认为统治者应该为他们创造财富提供条件。

孔子从不否认人们对物质财富的正当追求，并认为一定的物质条件和经济水平是实施良好有效的道德教化的基础。但是，获取财富必须符合义与礼的要求。只有通过合理的方式获得财富，才能真正实现国家的繁荣和人民的幸福。孔子曰："富与贵，是人之所欲也；不以其道得之，不处也。"孔子明确地表示，财富与显贵是人人都想得到的，但是必须用正当的方式去获得。孔子又云："百姓足，君孰与不足？"强调政府应保障百姓之基本生活，此乃治国之基础。故孔子提倡"富之"，使百姓富足。孔子的富民思想体现了其深厚的民生关怀。他强调统治者应实行轻徭薄赋的政策，厚积薄发，自节用而薄敛，以减轻百姓的负担。同时，他主张藏富于民，保障百姓的基本生活，并倡导通过教化提升百姓的精神层次，使其知礼、守礼。孔子的这些思想对于后世的治理者和经济政策制定者都有着深远的影响。孟子的富民思想主要体现在他的民本经济观中。他主张让老百姓治"恒产"，强调富民要强化产权制度保障。孟子曰："天之生此民也，使先知觉后知，使先觉觉后觉也。"这说明孟子深知人民的重要性，因此他主张让人民有基本的生产生活资料，有一定的生存与发展的条件和环境，不要去干扰破坏它，尽可能去帮助扶持，如此才可以安居乐业。同时，孟子也提倡易田制，即让农民去耕种其他人的土地，从中得到收益。这既可以促进土地的流转，也可以增加农民的收入。孟子曰："夫仁政，必自经界始。"即言明行仁政必须从界定田界开始。这表明孟子认识到土地制度的合理化对于人民生活的富裕和国家的稳定至关重要。管子也明确提出过："凡治国之道，必先富民，民富则易治也，民贫则难治也。"这句话的意思是，治理国家的方法，首先要让百姓富裕起来，因为百姓富裕了就容易治理，百姓贫穷则难以治理。

两汉时期，众多政治家、思想家吸取秦朝二世而亡的教训，也提出了经济上富民的相关主张。西汉时期的思想家们主张减轻人民的徭役和赋税负担，让人民有更多的时间和精力去从事生产劳动，从而增加财富的积累。例如，董仲舒提出"薄赋敛，省徭役，以宽民力"的主张。也有一些思想家主张官府应该让利于民，将财富分配给人民，而不是将财富集中于官府。如《史记·货殖列传》中强调"藏富于民"的重要性，认为只有让人民富裕起来，才能促进社会的繁荣发展。"安民足用"思想是汉初流行的黄老许民自富与儒家惠民思想结合的产物。《淮南子·诠言训》中强调："为治之本，务在安民；安民之本，在于足用。"认为统治者应该抛弃内心世界那些多余的精神欲求（"去载"），回归自己虚静平和的天性（"反性"），节制自己过度的物欲（"节欲"），减少徭役（"省事"），不夺农时（"勿夺时"），从而使民众可以丰衣足食（"足用"），达到民安国治的目标。这种思想体现了黄老思想竭力提倡的"无为"原则下的治国方略。司马迁的富民思想主要体现在他的《史记》中，特别是在他总结的治生之术和对社会发展的看法上。他主张尊重和保护商人的利益，肯定他们对国家经济的贡献，并认为财富的获取应该建立在正当的基础上。富民思想的另一代表人物是贾谊，他的富安天下思想主要体现在他的政治理念中，他主张以仁政为基础，强调"夫积贮者，天下之大命也"，强调发展农业、减轻人民负担、藏富于民。贾谊进一步提出，"夫富民者，以农桑为本，以游业为末"，表明贾谊对农业的高度重视，认为农业是实现富民的基础。

同时，一些思想家还认识到，经济的发展并不能必然解决贫富悬殊的问题，如果任由资源集中在少数人手中，而忽视了公平分配，贫富差距就会不断扩大，从而引发社会矛盾。例如，墨家主张的"分财不敢不均"，法家主张的"论其赋税以均贫富"等。老子在《道德经》中提到："天之道，损有余而补不足。"❶意味着自然界中的平衡法则，同样适用于人类社会。为了实现经济均衡发展，治国者应该效仿天道，对过度的富裕进行抑制，对不足的贫困进行补充。他们也认识到，经济发展并不是解决所有问题的万能钥匙。如果只是追求经济增长，而忽视了公平、正义和社会福利，那么贫富差距只会进一步扩大，社会矛盾也会更加尖锐。因此，他们主张在经济发展中注重公平和正义，并强调需要国家的干预和调节来实现这一目标。张居正在这方面进行了丰富的实践。他在执政的短短十年时间里，对明王朝做出了全方位的改革，涉及政治、经济、军事、社会各个方面。张居正改革的重点也是从农业入手，主张"厚农而资商"，扶植农业生产，减轻农民的赋税负担，提

---

❶ 老子 [M]. 汤漳平，王朝华，译注. 北京：中华书局，2014：292.

高农产品质量和市场竞争力。他推行"一条鞭法",即按照人口数量平均分配赋税和徭役,使农民负担更加公平合理。此外,他还实行"清丈田亩",重新丈量土地,防止豪强地主隐瞒土地数量,从而保证赋税的公正分配。

明清时期,大部分思想家继承了前人的富民思想,认为欲"富国"必先"富民"。在某些细节上,他们也有所不同。黄宗羲强调"工商皆本"的观念,认为工商活动应该成为国家财富的主要来源。他主张发展手工业、商业,提倡"工商皆本",反对传统的"重农抑商"观念。这种思想在当时的社会条件下是非常先进的,体现了黄宗羲对经济发展趋势的敏锐洞察力。唐甄则主张"富民"和"均富",认为只有让百姓富裕起来才能实现国家的富裕。他主张减轻赋税、减少徭役,提倡节俭和廉洁,同时强调官员应该保持廉洁,不贪污受贿,以树立良好的社会风气。唐甄的这种思想体现了对百姓福利的关注和对国家治理的深刻理解。此外,明清时期的其他思想家也提出了各自的富国主张。例如,丘浚主张以农为本,但也强调了发展手工业和商业的重要性;王夫之则主张发展农业经济,同时提倡发展商业和手工业。

综上所述,古代思想家们在富国策略上虽然有不同的观点和主张,但他们都一致关注经济发展和民生改善。关于富民的方式,虽然每个朝代都有所不同,但主要集中在轻徭薄赋、劝课农桑、兴修水利、提倡节俭和发展商业等几个方面。这些策略的实践,旨在促进社会经济的繁荣和人民生活的改善。

二、政治上重民、爱民

重民、爱民思想是民本思想的重要内容之一,经历代统治者和思想家的不断继承和发展,逐渐成为中华优秀传统文化思想的重要组成部分。古代的明君贤臣认为,国家的兴衰成败取决于民众,他们强调爱民、重民,认为只有以民众的利益为出发点,才能治理好国家。早在商代,盘庚就曾注意到民众力量的强大，提出"重我民，无尽刘"❶的思想，意思是重视我的人民，不断地进行改革，才能够使国家繁荣昌盛。周公旦在《尚书·康诰》中明确提出"用康保民""惟民其康"的主张，表达了重民的思想。他强调要重视小民的作用，体察民情，关心百姓的疾苦，做到"恤民为德"。周公旦还提出"敬天保民"的政治思想，主要含义是要求统治者要敬畏上天，同时也要重视人民。周公旦认为，上天是公正的，它会给那些顺应民意的统治者赐福，给那些残暴不仁的统治者降下灾祸。因此，周公旦主张统治者要敬畏上天，同时也要重视人民，实行仁政，以顺应民心。这些思想为后来其他思想家的民本思想提供了思想基础，尤其是孔孟的民本思想。

战国时期，著名儒家代表人物孟子提出民贵君轻说，是战国时期儒家重民思想的重要体现。孟子在《孟子·尽心下》提出："民为贵，社稷次之，君为轻"❷，认为人民是国家的根本，社稷是次要的，而君王则是更次要的。这种思想强调了人民的重要性，认为君王应该重视人民，顺应民心，以实现国家的长治久安。荀子则进一步提出"水能载舟，亦能覆舟"，这是一种形象比喻，强调人民力量的强大和重民的必要性。他认为君主应该重视人民，顺应民心，因为人民的力量就像水一样，既能承载舟船，也能倾覆舟船。如果君主能够顺应民心，重视人民的需求和利益，就能够得到人民的拥护和支持，从而保持国家的稳定和繁荣。但如果君主残暴不仁，违背民意，就会失去人民的信任和支持，导致国家的衰败和覆灭。重民的首要原则是爱民。在《群书治要·六韬》中记载：善于治理国家的人，对待百姓就像父母慈爱自己的儿女、兄长友爱自己的弟弟一样，"见之饥寒，则为之哀；见之劳苦，则为之悲"。

政治上重民，主要是统治者重视民众的意见，倾听人民的呼声，使下情上达。《群书治要·潜夫论》中讲："治国之道，劝之使谏，宣之使言，然后君明察而治情通矣。"为此，古圣先王设立了各种制度，以便听取人民的谏言，了解自己的施政得失。《群书治要·后汉书三》中记载杨震之说：古代

❶ 尚书 [M]. 顾迁，译注. 北京：中华书局，2016：106.

❷ 孟子 [M]. 方勇，译注. 北京：中华书局，2010：289.

圣哲明王所以能明察事理、修政安民，就在于广泛听取普通百姓的意见、全面细致地体察民情。使民情上达，民心安定。这样广开言路，才能洞察隐忧，做到兼听则明，不被蒙蔽。秦朝暴政致二世而亡，西汉的统治者特别注重爱民，并采取董仲舒的建议"罢黜百家、独尊儒术"，施行仁政，改善民生和减轻人民负担，赢得了休养生息的机会，成就了"文景之治"。唐太宗李世民吸取了隋朝暴虐无道不得民心而灭亡的教训，坚持勤政爱民，减轻百姓赋税，开创了"贞观之治"的盛世局面。

重民思想在中国封建社会的传统文化中贯穿始终，是中国古代统治者治国理政的重要经验总结。这种思想在中华传统文化中具有深厚的根基，其根源在于民本主义、人文精神、儒家思想、历史经验及民族精神等多重因素的综合作用。这一思想传统对中国历史和社会的发展产生了深远的影响，也为现代中国政治和社会的发展提供了宝贵的思想资源。

三、文化上教民、化民

除了注重民意和民生外，传统的民本思想也重视教民、化民，强调富则教之。民本思想中的教民、化民思想，主要是强调通过教育来启发民智，提高民众的道德和文化素质，以实现社会的稳定和繁荣。在儒家思想中，教化民众被视为一项重要的社会责任。儒家认为，民众只有受到良好的教育，才能具备正确的道德观念和行为准则，从而形成良好的社会风尚。因此，儒家强调统治者应该重视教育，通过兴办教育来普及文化知识，提高民众的素质。同时，儒家也强调通过教化来化民成俗。这主要是指通过教育来引导民众形成良好的道德观念和行为习惯，进而实现社会的和谐与稳定。在孔子看来，在经济上富民之后，下一步则是对其进行教化，使之明礼仪、知廉耻、知是非、远罪恶、近良善、爱国家，能够自觉地约束自己的行为，使之符合圣训和法律的规定。孔子在回答冉有"既富矣，又何加焉"的提问时，明确回答"教之"，强调了教民、化民的重要性。孔子认为，教育是实现社会和谐与稳定的重要途径，通过教育可以提高人民的道德和文化素质，进而实现社会的繁荣和进步。在《论语·卫灵公》中，孔子明确提出有教无类的思想，认为教育应不分贵贱、贫富，所有人都有受教育的权利。孔子也强调教育的目的在于启发民智，提升人民的道德和文化素质。他主张以道德教化为核心，教育民众明辨是非、尊贤敬老、诚实守信等。孔子的教化思想强调了教育的重要性，主张先富后教，以道德教化为核心，注重因材施教和启发诱导等原则。在儒家看来，只有当民众具备了良好的道德素质和行为习惯，才能真正实现社会的和谐与繁荣。

在民富后教民、化民上，孟子和孔子的观点相同。孟子认为，在人民富裕之后，必须进行教化，以培养人民的道德素质和行为习惯。他主张仁政与教化不可分，认为只有通过实行仁政和教化，才能实现社会的和谐与稳定。孟子曰："人之有道也，饱食暖衣，逸居而无教，则近于禽兽。圣人乃忧教主可也。"❶ 这段话的意思是，人类之所以区别于禽兽，就在于人类有道德和教化。如果人们只是追求饱食暖衣、安逸居住而忽略了道德教化，那么人类和禽兽差不多。这段话强调道德教化的重要性。同时，孟子认为"仁政"与"善教"不可分，"仁言，不如仁声之人人深也。善政，不如善教之得民也。善政，民畏之，善教，民爱之；善政得民财，善教得民心"❷。孟子认为"仁政"与"善教"不可分。要做到以民为本、赢得民心，关键手段是"善教"。"善教"是以道德为指引，以文化为载体，以教育为手段，旨在培养人民的美德与责任感。通过文化的教育，人们能够自然而然地接受道德的熏陶，形成良好的行为习惯和价值观。这种方式不需要强制压迫或严刑峻法，而是通过潜移默化的方式，引导人民走向美好的未来。荀子在《荀子·富国》中提到："不教而诛，则刑繁而邪不胜；教而不诛，则奸民不惩。"❸ 意思是如果未经教育就施以刑罚，那么刑罚再繁密也不能除掉邪恶；如果经过教育而不施以刑罚，那么奸恶之人就不会受到惩处。因此，荀子主张在实施刑罚之前应

---

❶ 孟子 [M]. 方勇，译注. 北京：中华书局，2010：96.

❷ 同❶263.

❸ 荀子 [M]. 方勇，李波，译注. 北京：中华书局，2011：153.

该进行教育，以引导人民走向正道。此外，荀子还强调教化在治理国家中的重要性。他认为，教化可以培养人民的道德观念和行为习惯，提高他们的素质，从而促进社会的和谐与稳定。在教化方面，荀子主张通过兴办教育、推行礼治等手段来培养人民的德行和礼仪。

汉代董仲舒提倡"大德而小刑"，主张以儒家的仁德教化来代替法家的严刑峻法。他认为教化是治理国家的重要手段，刑罚只是辅助手段。他的法律思想主张德主刑辅，相互为用，以德治为主，以刑治为辅。明太祖朱元璋提出"治国之要，教化为先"，他采取一系列措施来推广教化，包括兴办教育、推广儒家思想等。这些思想和措施对明朝的统治产生深远的影响，使明朝成为一个注重文化教育和道德修养的朝代。清康熙皇帝主张在治理国家时，要以德化民为主，以刑罚为辅。他主张以教化来引导人民走向正道，同时也要在必要时使用刑罚来惩治犯罪。

从上述内容可以得知，历代统治者和思想家都深刻认识到教化民众的重要性。人民是国家的基础，只有民众安定，国家才能安宁。为了实现国家的长治久安，必须关注人民的利益，通过教育来提高人民的素质和道德观念。只有这样，才能规范社会行为，促进社会和谐与稳定。因此，关注民本、重视教化，始终是治理国家的重要原则。这一思想在当代依然有着重要的意义，我们应该始终坚持以人民为中心的发展思想，加强教育改革和创新，提高教育质量和水平，为培养德智体美劳全面发展的社会主义建设者和接班人做出更大的贡献。

第三节 民本思想的当代价值

民本思想是中国古代思想家、政治家倡导、施行的治国理政的核心价值理念之一，在中华优秀传统政治文化中占有重要地位。但是，民本思想毕竟是封建社会的产物，不可避免地带有阶级性和局限性，而且民本思想的萌发、发展和实践均离不开贤明君主的推动，因此在传统话语体系中民本思想的产生及其实践是有依赖性的。但是，需要指出的是，民本思想虽然存在种种不足，但仍然是中华传统文化中一座丰富的宝库，我们不能因为民本思想存在这些不足就否定它的价值。它蕴含着人民至上、民生为本、民心所向等积极的价值观，对于现代社会的发展仍然具有重要的启示和借鉴作用。近代以来，传统民本思想面临创造性转化和创新性发展的历史任务。中国共产党坚持"人民群众是历史的创造者"的基本观点，重视人民群众的历史作用，依靠人民、保障民权、关注民生并确立了以人民为中心的发展思想，对传统民本思想做了马克思主义的新阐释，使传统民本思想获得创新性发展和创造性转化。在全面建成社会主义现代化强国和实现中华民族伟大复兴的中国梦的过程中，研究、梳理中国古代民本思想的当代价值，对于贯彻以人民为中心的发展思想有着十分重要的现实意义和理论价值。

一、民本思想为国家治理现代化提供理论基础

民本思想在推动国家治理现代化方面具有重要价值。当前，我国正处于全面深化改革的关键时期，国家治理体系和治理能力现代化作为全面深化改革的总目标之一，应当得到充分重视，而国家治理现代化的实现是由其文化传统、经济社会发展水平所决定的，其实践更是需要广大人民群众的参与。民本思想所富含的宽以养民、改善民生、爱民、富民，民安国强，富则教之，移风易俗等核心理念，要求政府以人民为中心，关注人民的利益和需求。这种思想对于当前中国国家治理现代化建设具有重要的指导作用。因此，在推进国家治理现代化过程中，我们应该从中国传统政治智慧、马克思主义基本理论和当代中国的基本国情出发，充分挖掘民本思想对国家治理现代化的重要价值。

首先，民本思想提醒我们在国家治理中，始终要把人民放在心中最高位

置。政府的一切工作都是为了保障人民的权利和利益，把人民的福祉放在首位。在制定和实施各项政策时，充分考虑人民的利益和需求，以人民的满意度为衡量工作成效的标准。其次，民本思想强调政府要关注弱势群体的权益和福祉。在国家治理中，关注社会公平和正义，努力消除贫富差距和社会不公。政府应该采取积极措施，帮助弱势群体改善生活状况，提高他们的社会地位和福利水平。只有这样，才能实现社会的全面发展和共同富裕。再次，民本思想强调"以礼治国"的重要性，并侧重于强调社会政治生活与道德之间的相关性。这种思想认为，通过遵守礼仪规范和道德准则，可以实现良好的社会秩序和政治稳定。在中国的传统文化中，道德和礼仪被视为治国安邦的基础。传统民本思想认为，君主应该以德治国，通过树立良好的道德榜样和推行道德教育来引导人民。同时，礼仪也被视为一种重要的社会规范，可以调节人与人之间的关系，维护社会和谐与稳定。随着市场经济和全球化的发展，信息爆炸使人们面临前所未有的价值观和行为方式的变化。市场经济的快速发展和全球化的推进使人们更加注重个人利益和竞争意识。随着信息爆炸和新媒体的普及，人们更容易接触到各种不同的价值观念和文化思潮。这为国家治理现代化带来了现实挑战。价值观是人们的思想取向和行为选择的基础，因此加强社会主义核心价值观的建设至关重要。通过道德约束，可以引领社会思潮、凝聚社会共识，确保社会稳定和发展。最后，民本思想强调政府应以人民利益为中心，依法治国。在国家治理中，法治原则是必须坚持的。政府应制定和完善法律法规，确保人民的合法权益和自由得到保障。同时，政府还应加大执法力度，确保法律法规得到有效执行，维护社会秩序和稳定。

总之，民本思想在推动国家治理现代化方面扮演着重要的指导角色。它提醒我们，在国家治理中，应始终将人民的利益置于首位，尤其要关注弱势群体的权益和福祉。此外，我们应坚持依法治国，利用法律工具来管理国家。只有这样，我们才能真正实现国家治理的现代化和民主化，确保中国社会持续、健康地向前发展。

二、民本思想为以人民为中心的发展理念提供思想基础

传统的民本思想和现代的以人民为中心的发展理念之间存在明显的差异。两者的核心概念"民"在内涵上有所不同。在中国的传统民本思想中，"民惟邦本"是其主要观点，然而马克思主义传入中国后，这一思想得到时代性和创新性的发展。中国共产党从成立之日起，就将全心全意为人民服务作为其根本宗旨。从文化传承的角度来看，中国共产党人坚持全心全意为人民服务、以人民为中心，不仅继承了传统民本思想，更是对其进行了超越性的发展。传统民本思想对国家和民众关系的诠释，以及在古代国家治理当中的实践，对新时代乃至未来仍有现实意义和借鉴价值。

以人民为中心理念的核心是以人民为根本，这既体现了马克思主义的价值追求，也是社会主义的本质要求。民本思想的精髓——"民惟邦本"，所强调的是一种"重民"思想。无论是《尚书·五子之歌》中的"民惟邦本，本固邦宁"，还是商王盘庚提出的"重我民，无尽刘"，或是周公旦的"敬天保民"思想，都在不同层面上反映"民"对统治阶级的重要性。荀子和孟子等思想家进一步认识到"民"对政治稳定的重要性。荀子在《荀子·哀公》中提出"水则载舟，亦则覆舟"，孟子在《孟子·公孙丑下》则言"得道者多助，失道者寡助"，这些观点都深刻揭示了民心向背对政治稳定的关键作用。因此，传统民本思想为以人民为中心的理念提供了丰厚的思想基础。

民本思想在历史发展中不断丰富和发展，其内涵也不断丰富和拓展，正如孙中山在《中华民国临时大总统宣言书》中说道："国家之本，在于人民。"中国共产党作为当代民本思想的积极践行者，自创立之初，便将人民的利益置于首位，将人民的根本利益作为一切工作的出发点和落脚点。中国共产党人不仅继承了民本思想，更对其进行了创新性的发展，形成马克思列宁主义与中华传统文化相结合的人民立场。人民立场是中国共产党的根本政治立场，这一立场使中国共产党与其他政党产生显著的区别。

历史和现实的经验表明，能否坚持以人民为中心的工作导向，决定党和国家的兴衰成败。人民群众是历史的创造者，是社会变革的决定性力量。中国共产党自成立之日起，就把人民放在心中最高位置，始终坚持全心全意为人民服务的根本宗旨。正是因为中国共产党来自人民、扎根人民、造福人民，所以能够赢得广大人民群众的拥护和支持，创造出彪炳史册的伟大业绩。在长期革命实践中，中国共产党形成以人民为中心的工作导向，始终把人民放在心中最高位置。中国共产党通过全面从严治党，不断推进社会主义现代化建设、改革开放，不断增强人民群众的获得感、幸福感、安全感。正是因为始终坚持人民至上、将人民放在心中最高位置、坚信人民的力量、尊重人民的利益，中国共产党得以赢得广大人民群众的广泛信任与支持。

坚持以人民为中心的工作导向，是中国共产党在长期革命实践中积累的一条根本经验。在新时代，面对国内外复杂多变的形势，更需要以敏锐的眼光应对挑战，坚定地贯彻落实以人民为中心的发展思想。我们的目标不仅是满足人民群众对美好生活的向往，更要推动人的全面发展，实现全体人民的物质富裕和精神富裕。只有真正做到以人民为中心，才能确保中国特色社会主义事业不断向前推进，实现中华民族伟大复兴。事实上，中国梦正是亿万中国人民的共同梦想，而中国共产党提出中国梦正是基于以人为本、以人民为中心的发展思想。这体现了中国共产党始终将人民的利益放在首位，为人民的幸福而努力奋斗的决心。

三、民本思想为中华民族伟大复兴提供不竭动力

民本思想作为中华民族传统文化的重要组成部分，不仅是历史的积淀，更是中华民族的伟大复兴动力源泉。在新民主主义革命时期，中国共产党以民本思想为行动指南，坚决地带领全国各族人民进行艰苦卓绝的革命斗争，最终推翻了帝国主义、封建主义和官僚资本主义的统治，实现了中华民族的独立和人民的解放。在这个过程中，中国共产党始终坚信人民是历史的创造

者，始终将人民利益置于首位，一切为了人民、一切依靠人民，从群众中来，到群众中去，人民至上路线贯穿始终。在革命斗争中，通过广泛发动群众、建立农村革命根据地、开展土地革命等举措，中国共产党保障了人民的生存权和财产权，实现了人民的广泛参与和全面保障。同时，中国共产党还通过建立抗日民族统一战线等形式的团结合作，广泛团结各族人民和各界爱国人士，共同进行革命斗争，形成最广泛的人民民主统一战线。这种以民为本、广泛团结的策略，使中国共产党在极端困难的情况下，始终坚持斗争，不断壮大力量，最终领导全国各族人民实现新民主主义革命和社会主义革命的胜利。这些具有针对性的政策和策略，充分体现了中国共产党以人民为中心的发展思想和实事求是的科学精神。

中华人民共和国成立后，我们党更是充分认识到人民群众不仅是历史的创造者，更是社会历史发展的主体力量。在党的坚强领导下，经过全国各族人民的共同努力和艰苦奋斗，中国实现了从站起来到富起来的伟大飞跃。国家的综合国力显著增强，国际地位不断提升。同时，人民的生活水平也得到大幅提升，人民享有更加广泛、更加充实的权利和自由。这一伟大成就的取得，充分证明中国共产党的领导力和全国各族人民的团结奋斗精神。在党的带领下，我国制定了一系列符合国情的发展战略和政策，不断推动经济社会的快速发展。同时，中国共产党还注重保障人民群众的权益，加强民主法治建设，维护社会公平正义，让人民享有更多的民主权利和更好的公共服务。这些举措不断增强了广大人民群众的主人翁意识，提升了广大人民群众建设社会主义的自豪感和责任感。

进入21世纪，全面建成社会主义现代化强国、实现中华民族伟大复兴是全体人民的中国梦。要实现这一伟大目标，我们必须坚定地依靠人民的力量，以全心全意为人民服务的决心，凝聚社会主义核心价值观，激发以爱国主义为核心的民族精神和以改革开放为核心的时代精神。在这个过程中，我们必须始终坚持以人民为中心的发展思想，把人民利益放在首位，不断满足人民日益增长的美好生活需要。要积极推进民主法治建设，保障人民的民主权利和自由，维护社会公平正义，让人民享有更多的民主权利和更好的公共服务。同时，大力弘扬社会主义核心价值观，加强社会主义精神文明建设，增强全国人民的团结力和凝聚力。深入开展爱国主义、集体主义、社会主义教育，增强全民族的精神力量，让人民更加自觉地为实现中华民族伟大复兴而奋斗。此外，积极推进改革开放，不断解放和发展生产力，推动经济社会发展与人民生活水平相适应。深化改革，扩大开放，加强国际交流合作，不断提高国家的综合实力和国际竞争力。

总之，全面建成社会主义现代化强国、实现中华民族伟大复兴是全体人民的中国梦。要实现这一梦想，必须在中国共产党的带领下，坚持依靠广大人民群众的力量，才能够凝聚社会主义核心价值观，激发以爱国主义为核心的民族精神和以改革开放为核心的时代精神。只有这样，我们才能够团结一心、共同奋斗，不断推动中国特色社会主义事业向前发展，实现中华民族伟大复兴。

第三章

大同思想及其当代价值

在中国古代，大同思想被视为一种理想社会的追求，也被称作中国的"乌托邦"思想。这一思想体系在传统文化中广为流传，强调人与自然、人与人之间的和谐共处，并追求社会上的共同利益和共同发展。大同思想的概念源于儒家经典《礼记·礼运》："大道之行也，天下为公，选贤与能，讲信修睦。故人不独亲其亲，不独子其子，使老有所终，壮有所用，幼有所长，矜、寡、孤、独、废疾者皆有所养，男有分，女有归。货恶其弃于地也，不必藏于己；力恶其不出于身也，不必为己。是故谋闭而不兴，盗窃乱贼而不作，故外户而不闭，是谓大同。"❶大同思想主张每个人都应享有平等的权利，不受阶级、出身、财富等因素的影响，其基本特征即为人人友爱互助，家家安居乐业，生活安定，没有战争，老有所终，壮有所用，幼有所长，矜、寡、孤、独、废疾者皆有所养。这种思想代表了古代思想家对现实社会"礼崩乐坏"的批判，以及对人类美好社会的向往和建构。大同思想是一种理想的人文社会的"乌托邦"，代表几千年来中国人民的精神寄托。这种公平、合理及平等的思想对中国社会产生了深远的影响，激发人们对美好社会的追求和努力，在当代中国则表现为实现共产主义社会的奋斗目标。随着马克思主义在中国的传播和接受，传统大同思想被赋予新的时代内涵。尽管大同理想带有明显的空想色彩，而共产主义是基于历史发展的必然逻辑而确立起来的对人类未来的科学筹划，它们在性质上有着本质的差别，但在某种程度上，它们所描绘的理想社会具有相似性。通过对大同思想当代价值的挖掘和整理，可以为社会主义现代化建设提供更好的启示和借鉴。

---

❶ 礼记 [M]. 胡平生，张萌，译注. 北京：中华书局，2017：419.

第一节 大同思想的起源及历史发展

大同思想代表古代政治家和思想家对现实社会的批判和对未来理想社会的美好追求。最早的大同思想起源可以追溯到中国古代的《诗经》中，其中《硕鼠》篇把贵族剥削者比作一只害人的大老鼠，并且发出决心逃离这只大老鼠的"适彼乐土""适彼乐国""适彼乐郊"的呼声。这一比喻，表达人们对剥削制度的痛恨和对理想社会的向往。每一种社会政治思想都是历史环境的产物。春秋战国时期，中国社会制度正在发生剧烈变动。这一时期，诸侯混战、百家纷争，社会动荡不安。在这样的背景下，先秦的儒家、墨家、道家等学派都提出了关于理想社会的设计。其中，儒家的大同思想最具代表性。鉴于当时周朝王室衰微，礼崩乐坏，王权丧失、烽火连天的现象，孔子深感痛惜，提出解决彼时社会矛盾的方案，即孔子的大同思想。大同思想最早表述于《礼记·礼运》。《礼记》是儒家学者对《仪礼》进行解释说明的文章选集，是一部儒家思想的资料汇编。《礼记·礼运》是《礼记》中第九篇，其内容主要记载了儒家的治国理政思想，其中就包括大同思想。《礼记》一书在中华文化思想史尤其是儒家文化史中有着十分突出的位置。其内容集中反映了儒家的政治思想，在中华文化特别是儒家文化中占据十分突出的位置。儒家的大同理想，则强调人类社会的公平、公正和平等，消除财富不均等现象。这种思想体现了儒家对人类共同利益和幸福的追求，同时也强调了个人对社会的责任和义务。在大同社会中，人们相互协作、共同发展，实现人类共同利益和幸福。就像孔子所说："有国有家者，不患寡而患不均，不患贫而患不安。盖均无贫，和无寡，安无倾。夫如是，故远人不服，则修文德以来之。"❶ 儒家大同的文化精神核心是一种天下大公的思想，追求一种更

---

❶ 杨伯峻.《论语》译注 [M].北京：中华书局，2006：245.

合理更公平的社会。大同思想包括"天下为公"的社会制度，选贤与能的管理体制，讲信修睦的人际关系，人人为公的社会道德。大同思想是一种全面而深刻的社会理想，它涵盖社会制度、管理体制、人际关系和社会道德等多个方面。这种思想的核心是天下大公，追求一种更合理更公平的社会，让每个人都能够享有基本的人权和尊严，都能够获得公正的待遇和机会。

大同思想产生于农耕文明时期，因此具有一定的局限性。它主张通过"礼"来维护社会秩序，而周礼本身就体现了明显的等级尊卑，这实际上是对封建统治的一种维护。同时，孔子希望通过提升人们道德水平的方式来实现社会的和谐与稳定，却忽视了物质基础的决定性作用，这使大同思想具有一种中国式的"乌托邦"特征。然而，儒家大同思想对于盛世的渴望和向往，是中华传统文化持续几千年的文化精神特征之一。其中，"天下为公"和"天下大同"思想更是成为中国文化精神传承千年的重要理念。这种精神文化特征在中华传统文化中独具一格，对社会的发展具有重要的启迪作用。

与孔子同时期的老子也提出自己对于理想社会的理念，老子主张"小国寡民。使有什伯人之器而不用；使民重死而不远徙；虽有舟舆，无所乘之；虽有甲兵，无所陈之。使民复结绳而用之。甘其食，美其服，安其居，乐其俗，邻国相望，鸡犬之声相闻，民至老死，不相往来"❶的理想社会。老子的"小国寡民"理想，虽然描绘了一幅桃花源般的社会生活图景，但实际上，它是一种对历史倒退的幻想。这一理想反映老子无为而治的社会政治理念，其基础是自给自足的小农经济。这种想象是对古代村社生活的淳朴与自然的一种怀念，具有一定的现实基础。老子的这种思想也反映了他对当时社会现实的不满与厌弃。他希望通过这种"小国寡民"的理想，为世人描绘出一个和谐、平等、自然的社会状态。尽管如此，我们仍应充分认识到，老子的这种社会政治思想中包含了对当时社会的批判与反思的可贵精神。

在墨子的思想中，"兼爱"理念体现对大同理想的追求。"兼爱"着眼于

---

❶ 老子 [M]. 汤漳平，王朝华，译注. 北京：中华书局，2014：299.

实利，而不停留在空泛的道德说教上，要实现"饥者得食，寒者得衣，劳者得息"❶。"兼爱"还要"非攻"，要阻止"强必执弱，富必侮贫，贵必敖贱，诈必欺愚"❷。他认为，通过"兼爱""非攻"，人们能够实现互相帮助、互相爱护，从而构建一个和谐、平等的社会。同时，墨子还主张"尚贤"来解决统治阶层的乱象。墨子提出："是故国有贤良之士众，则国家之治厚；贤良之士寡，则国家之治薄。故大人之务，将在于众贤而已。"❸墨家的这些主张，如"尚贤""兼爱"和重视实际利益等，实际上与儒家首倡的大同理念不谋而合。但是，墨子把人民从被爱的客体角色上升到被爱的主体角色，突破了儒家仁爱的局限性和保守性。

在中国的封建时代，大同思想在儒家、道家和墨家等不同思想流派中都有所体现。然而，由于中国封建社会漫长且稳定，新的生产力和新的阶级并未出现，因此儒家大同类型的理想并未在这个时期形成新的模式。在封建时代，中国社会主要由农民、士人和官僚等不同阶层构成。在这个社会中，农民是主要的生产者，他们通过辛勤地劳作来维持生计。士人则是社会的知识分子，他们负责传承文化、教育和治理国家，而官僚则是统治者，他们负责维护社会秩序和推动政策实施。在这个时期，大同思想在各个阶层中都有所体现。在农民阶层中，大同思想的体现主要是通过宗教团体和民间信仰的方式。例如，在东汉末年，张鲁创立五斗米教，提出"祭酒"制度，设立义舍放置"义米""义肉"，供行人无偿取用。这种思想体现农民阶层对平等、公正和互助的追求。在士人阶层中，大同思想则体现在他们的文学作品和哲学思考中。例如，东晋陶渊明的《桃花源记》描绘了一个与世隔绝的人间乐土——桃源洞。在这个理想国度里，人们过着和平、宁静和温饱的生活，没有剥削、压迫和战争。这种思想体现了士人对理想社会的追求和对现实社会的不满。在官僚阶层中，大同思想则体现在他们的政治理念和治国方略中。一些开明的统治者提出"民为贵"的思想，主张以民为本、重视民生，努

---

❶ 墨子 [M]. 方勇，译注. 北京：中华书局，2011：303-304.

❷ 同❶125.

❸ 同❶149.

力实现社会的和谐稳定。这种思想体现官僚阶层对人民福祉的关注和对国家长治久安的追求。

总之，在中国的封建社会，大同思想在各个阶层中都有所体现。虽然这个时期没有形成新的生产力和新的阶级，但大同思想的传承和发展仍然在推动中国社会的进步和发展，并不断催生新的理念和变革。

"战争是大同思想再发育的催化剂。"❶陈正炎在其著作中指出："中国古代'大同'思想的产生和发展，往往同阶级矛盾、民族矛盾激化的社会动乱时期相联系，就是一个很好的说明。"❷自1840年第一次鸦片战争后，中国社会逐渐由封建主义向半殖民地半封建主义转变，这是一个充满社会剧变的历史时期。在这个历史时期，尽管社会经历了巨大的变革，但传统的大同理想仍然存在于一些思想家的观念中。例如，太平天国的《天朝田亩制度》和章太炎的《五无论》都体现了这种理想。值得注意的是，儒家的大同理想在这一时期占据了主导地位，并被许多资产阶级代表人物用来表达他们的社会理想。其中，康有为和孙中山的大同理想是最为著名的两种。

康有为的大同思想深受时代影响，他借鉴西方自然科学的元素，并融入一些近代西方的价值理念。在他的著作《大同书》中，详细描绘了一个自由、平等的大同社会。这个社会以生产资料公有制为基础，不存在剥削现象。在这个社会中，生产力高度发达，人们物质文化生活水平极高。国界消失，全世界统一于一个"公政府"的管理之下，没有战争。政治上实行资产阶级民主共和国制度，没有贵贱等级之分。男女地位完全平等，家庭概念已经消失，父权、夫权等压迫不存在。康有为的大同理想深刻体现了对自由、平等、公正等价值的追求，展示了他对未来社会的远见卓识。尽管康有为的大同社会被认为是空想的社会主义社会，但他敏锐地认识到生产资料私有制引发的种种矛盾，并因此提出生产资料公有的主张。这一理念将大同社会建立在生产力高度发展的坚实基础上，这在中国的思想史上堪称前无古人。梁启超在《清代学术概论》中对康有为的大同思想给予了极高的评价，进一

---

❶ 杨雨凡.国家治理现代化视域下大同思想的时代价值[J].长江师范学院学报，2020（2）：12.

❷ 陈正炎，林其锬.中国古代大同思想研究[M].香港：中华书局香港分局，1988：8.

步强调这一思想在中国思想史上的重要地位。

孙中山是中国近代史上一位重要的政治家、革命家和思想家。他提出"三民主义"和"大同理想",致力于推动中国的现代化和民主化。其中,"大同理想"被认为是孙中山思想中的核心概念。在探寻民族独立的道路上,孙中山对大同思想依然抱有深厚的期望,为了实现这一奋斗目标,孙中山主张废除旧的社会阶级划分,建立一个平等、自由、公正的社会。孙中山提出"三民主义"的理论,即民族主义、民权主义和民生主义。他提倡建设一个"权利自由、平等财富"的社会,实现人民的权利和财富公平分配,从而实现社会的和谐和共同富裕。孙中山还提出世界大同的设想,他在 1912 年以临时大总统的名义颁布的第一份文件《临时大总统宣言书》中强调,中国对外关系的奋斗目标为"使中国见重于国际社会,且将使世界趋于大同"❶。孙中山在构想中国大同社会的基础上,进一步将视野拓展至整个世界的和平与进步。他深信国际合作与互利共赢是解决国际冲突和问题的关键。为了实现这一目标,孙中山提出"促进民族和平、保障国际安全、增进人类幸福"的思想。他倡导建立一个无国界的世界公民社会,以实现全人类的团结、和谐与进步。这一构想展现孙中山对世界大同的深刻理解和远见卓识。

康有为和孙中山都对西方资本主义国家的垄断压迫、贫富分化、危机、失业等现象进行了批评。然而,他们的大同理想基本上是对资本主义制度的理想化。康有为的现实主张是通过自上而下的改革逐步走上资本主义发展道路,因此他并不希望立即实现自己的大同理想,而是主张在遥远的未来通过缓慢的改良使"君衔……徐徐尽废而归于大同"。孙中山作为资产阶级革命派的代表,则要求将他的大同理想在资产阶级民主革命阶段就付诸实施,他希望"举政治革命、社会革命毕其功于一役"。

综上所述,康有为和孙中山的大同思想反映了中国近代资产阶级代表人物对未来社会的理想化愿景和对现实社会问题的批评。然而,他们的大同思

---

❶　孙中山 . 孙中山全集(第二卷)[M]. 北京:中华书局,1986:2.

想也显示出对资本主义制度的理想化，以及对改良和革命的不同主张。这些思想主张对于理解中国近代历史和思想史具有重要的学术价值。

第二节　大同思想的主要内容

大同思想历史悠久，内容丰富，影响深远，蕴含了"天下为公"的政治理想，"选贤与能"的治理体制，各得其所的社会保障，安定有序的社会秩序。

一、大同社会倡导天下为公的政治理想

"天下为公"是大同思想的根本精神。根据东汉经学家郑玄的解释，"天下为公"中的"公"意为"共"，即天下是全天下人共有的天下。在这样的社会中，人们选举有德行和才能的人来治理，彼此间讲究信用、和睦相处。在《礼记·礼运》中，孔子区分了"大同"与"小康"两个概念，其中"天下为公"与"天下为家"的小康世界形成鲜明对比。在《礼记·礼运》篇作者看来，"小康"对应的是夏商周时期，此时国家最高政权的继承形式由禅让制演变为世袭制。这一时期国家形成严格的尊卑秩序、赏罚制度，以及内外界限分明的礼制秩序。孔子视尧、舜、禹、汤、文、武时代为"有道"之世，提倡人们以"天下为公"，即所谓"背私为公"。到孔子所处的时代，"天下无道""礼崩乐坏"。《礼记·礼运》中又说："今大道既隐，天下为家，各亲其亲，各子其子，货力为己。"❶这意味着当今之世，大道不存，天下不再是天下人之共有。人们只把自己的亲人当作亲人，只把自己的儿女当作儿女，财物和劳力都为私人拥有。这样的社会显然不是"天下为公"的大同

---

❶ 礼记 [M]. 胡平生，张萌，译注. 北京：中华书局，2017：420.

世界，而是对于"大道"和"传统社会秩序"的破坏。由此可见，"天下为公"体现了儒家的大同政治理想。

在儒家思想中，"天下为公"的主张是针对当时社会现象提出的。在那个时代，"礼崩乐坏"，各诸侯国王的私欲不断膨胀，帝王们声称"普天之下莫非王土，率土之滨，莫非王臣"，这意味着整个国家，包括土地山川、人畜万物，都是他们个人的私有财产。这种观念导致"家天下"的局面。在这样的背景下，儒家提出"天下为公"的观点，强调社会的公共利益和全体人民的福祉，而不是个人或特定群体的私利。这一主张具有深刻的人文和人道价值，强调仁爱和公正，反对私欲和权力的滥用。

在儒家思想中，"天下为公"的"公"字并非"以公废私"或"天下归公"中的"公"。在古代人治社会中，由于公权力缺乏有效的制约，先贤们并不主张财产公有制，也不反对财产私有制。这里的"天下为公"的"公"，更多是指公义、公平、公正、公道和公允等价值观。它强调的是对人的个人操守提出的要求，如"公尔忘私""大公无私""先天下之忧而忧，后天下之乐而乐"等人文素质。这些要求旨在促进社会的公平和正义，弘扬正直和善良的品质，而非简单地将所有财产视为公有。因此，"天下为公"的"公"字在儒家思想中具有深刻的内涵，它强调的是对社会公正和个人品德的追求。

孔子提倡通过"克己复礼"的方式来实现"天下为公"的理想社会状态。这里的"克己复礼"是指人们要克制自己的欲望，遵循"礼"的规范，以此来达到社会的和谐与公正。这种思想体现了儒家所倡导的"仁"的精神，即自我约束、尊重他人、以德治国。

因此，"天下大同""天下为公"的思想所倡导的公正、和谐、有序的社会理念，要求人们在处理社会事务时，不能只考虑个人或某些团体的利益得失，而应该将整个社会的福祉放在首位。这种理念提醒我们要关注社会的公平与正义，追求共同利益，摒弃个人或团体的私利。同时，大同思想也鼓励人们积极参与社会的建设与发展中，为实现一个更加公正、和谐、有序的社会而努力奋斗。

二、大同社会倡导"选贤与能"的治理体制

"选贤与能"是大同社会的重要基石。大同社会倡导的是一种"选贤与能"的治理体制。这种体制的核心思想是选拔出那些具有高尚品德和卓越才能的人才，来对天下或国家进行有效的治理。在这个理想的社会中，人才被视为宝贵的资源，通过选拔德才兼备的人才来治理国家。早在周代便有了乡举里选制，两汉时期有察举制，魏晋南北朝时期有九品中正制。隋代以后，科举制成为对后世影响深远的选人用人制度。古代圣王在治理天下时，将人才置于至关重要的位置。众多古代典籍中也不乏"选贤与能"的思想，如孔子所说："才难，不其然乎？唐虞之际，于斯为盛。"❶荀子也提出："尊圣者王，贵贤者霸，敬贤者存，慢贤者王，古今一也。"❷《尚书·咸有一德》更是明确地提出"任官惟贤才"。这些思想都强调选拔和任用人才的重要性，并强调德才兼备的选人标准。

儒家倡导选举贤能过程的公正性。孔子作为儒家学派的创始人，也是第一个对"尚贤"政治进行合理解释的人。他在讨论为政时明确提出"先有司，赦小过，举贤才"❸的三项主张。他明确提出，在治理国家时，应该重视贤才的选拔。孔子主张"有教无类"，进而选贤的范围并不仅局限于奴隶主和贵族的圈子，而是涵盖更广泛的社会阶层，包括平民在内。这一观念的提出，意味着选举贤能的视野已经超越血缘关系的限制，开始向更广泛的社会群体开放。在儒家思想中，选举贤能的过程应该是毫无偏见和歧视的，任何人都应该有平等的机会展示自己的才华和能力。这种公正性的原则是确保所选出的贤德之才真正代表人民的利益和愿望，而不是某个特定阶层或团

---

❶ 《论语》译注 [M]. 杨伯峻，译注. 北京：中华书局，2006：121.

❷ 荀子 [M]. 方勇，李波，译注. 北京：中华书局，2010：56-57.

❸ 同 ❶188.

体的私利。被选举出来的贤德之才应该具备为人民服务的责任感和使命感。他们应该以人民的需求和利益为出发点，积极解决社会问题，推动社会进步。同时，他们还需要赢得人民的信任和支持，只有这样才能真正实现有效治理。

儒家强调，只有通过"选贤与能"的治理体制，才能实现社会机制的有序运行。这种有序性不仅体现在政治层面，还涉及经济、文化等各个领域。当社会各个方面的运行都遵循一定的规则和秩序时，真正的和谐与稳定才能得以实现，从而迈向大同的理想境界。

三、大同思想倡导各得其所的社会保障

大同思想描写的是一个人人敬老、人人爱幼，无处不均匀、无处不保暖的理想社会。在这个理想的社会形态中，关爱互助贯穿于每个社会成员之间，不局限于传统的家庭界限。这种博爱的精神体现在对老年人的赡养和幼儿的教育上，形成一种全面而良好的社会保障制度。在大同社会中，老有所养、幼有所依成为现实。每个人都能够得到他们所需要的照顾和支持，无论是物质上的需求还是精神上的关爱。这种各得其所的保障制度使每个人都能在关爱他人的同时，也得到他人的关爱。同时，大同思想还强调对弱势群体的帮助，"故人不独亲其亲，不独子其子。使老有所终，壮有所用，幼有所长，鳏、寡、孤、独、废疾者，皆有所养"。

大同社会的这种社会保障理念，处处彰显儒家的民本思想。儒家思想认为，管理者在治理国家时，必须以人民的需求和利益为出发点，重视每一个社会成员的生存权利。在制定政策和管理社会事务时，应该以保障人民的基本生活为首要考虑，提供完善的社会保障。这种以民为本的社会保障制度，不仅能够提高人民的生活水平，还能够增强社会的凝聚力和稳定性。通过关爱老人、幼儿及为其他社会成员提供支持，大同社会创造了一个和谐、稳定、公正的环境，使每个人都能感受到社会的温暖和关怀。

总之，大同社会所倡导的社会保障理念，体现了儒家以民为本的思想精髓。通过实现老有所养、幼有所依的理想，每个人都能够得到应有的保障和关爱，从而构建一个各得其所、人人关爱他人的美好社会。这种理念对于现代社会也具有重要的启示意义，提醒我们在制定政策和管理社会时，应该关注弱势群体，提供完善的社会保障，实现社会的公正与和谐。

四、大同社会倡导安定有序的社会秩序

大同社会的标志性特点是其安定和谐的社会氛围。在这个理想的社会形态中，每个人都具备高度的道德修养，社会成员之间能够和睦共处，维持稳定的社会秩序。这种安定有序的状态，源于大同社会深厚的道德根基。这种道德的基础，在儒家学说中被称为"礼"。"礼"作为社会秩序的准则，确保社会的正常运行。孔子曾经在《论语·学而》中提到："礼之用，和为贵。"❶这句话意味着在理想的社会中，人们的行为都应遵循"礼"的规范，各守其位，各得其所，这样就能实现社会的和谐稳定。

安定有序的社会秩序，要以"民以君为心，君以民为体"❷为重要的指导原则。这意味着君王应当视人民为国家的根本，将民心视为己心，尊重并保障人民的权益。这种思想是大同社会的核心精神，它强调人民在国家中的重要地位。同时，安定有序的社会秩序还体现在"天下之本在国，国之本在家"的理念上。在大同社会中，和谐的家庭关系不仅是基础，更是延伸到整个社会和国家的重要纽带。通过家庭关系的和谐，可以建立起安定有序的社会秩序，从而实现大同社会的理想。

大同社会的安定有序需要"讲信修睦"。信与睦不仅是良好社会关系的核心，更是良好社会秩序的基石。大同社会的核心理念在于人与人之间相互尊重、信任与关爱，这正是仁爱思想的体现。这一理想的社会形态是人类共

---

❶ 《论语》译注 [M]. 杨伯峻，译注. 北京：中华书局，2006：10.

❷ 礼记 [M]. 胡平生，张萌，译注. 北京：中华书局，2017：1083.

同追求的目标。正如《论语·公冶长》中所言："朋友信之，少者怀之。"这句话揭示大同社会的缩影，即朋友间以诚信相待，年幼者对年长者充满关怀。诚信让社会成员彼此信任，友爱使人们相互关怀。这种氛围促使人们相互支持，共同成长，从而形成强大的社会凝聚力。

大同社会之所以安定有序，还因为它拥有公平正义的法律体系。在这个社会中，法律面前人人平等，不会因为个人的地位、财富或权利而产生偏袒。正如荀子所说："刑罚不怒罪，爵赏不逾德。"❶这意味着刑罚和赏赐都是基于公正的原则，既不会偏袒那些无德之人，也不会遗漏那些有罪之人。这正是大同社会法治精神的体现，它可以确保社会的公平正义，维护社会的和谐稳定。

总之，大同社会所倡导的安定有序源于其深厚的道德基础、公平正义的法律制度、家庭和睦的传统美德，以及尊重文化、崇尚科学的态度。这些要素共同作用，形成一种和谐共处、安定有序的社会秩序。这种社会秩序不仅是中华传统文化的理想追求，也是现代社会理应追求的目标。通过传承和发扬大同社会的理念和精神，我们可以为构建一个更加美好、和谐的社会做出贡献。

第三节　大同思想的当代价值

一、大同思想对于倡导人类命运共同体意识具有重要的意义

大同思想作为中华优秀传统文化思想中的核心元素，对于倡导人类命运共同体理念具有重要的学术价值。它着重强调一种全球人类命运与共的观念，

---

❶　荀子 [M]. 方勇，李波，译注. 北京：中华书局，2011：393.

激励我们超越国界、种族、文化等一切界限，共同应对各类挑战和问题。

首先，大同思想的核心——"天下大同"的理念，它所强调的是人类命运与共的理念。这一理念认为，人类是一个紧密相连的整体，应当共同面对各种挑战和问题。这种思想突出人类的共同性和整体性，呼吁各国之间加强合作和共同努力，以共同应对全球性挑战。在当今世界，这种思想具有重要的启示意义。因为人类正面临许多全球性挑战，如气候变化、环境污染、恐怖主义等，这些问题的解决需要全球性的解决方案和各国之间的合作。大同思想的这一理念，为我们提供了一个宝贵的视角，让我们重新审视自身与世界的关系，并激发我们共同努力解决人类所面临的问题。

其次，大同思想所强调的人类命运共同体理念提醒我们超越国家、种族、文化等界限，以共同面对各种挑战和问题。这种理念可以促进全球合作和共同发展，推动各国之间的交流和合作，加强国际社会的相互理解和支持。这种人类命运共同体理念是构建一个更加公正、平等、和谐的世界的重要基础，也是实现全球可持续发展的重要保障。

此外，大同思想还具有深远的伦理价值。它提倡一种普遍的伦理观念，即人们应该超越个人和国家的利益，关注整个人类的福祉和发展。这种伦理观念鼓励人们共同关注全球性问题，如气候变化、环境污染等，并采取积极的行动来解决这些问题。同时，它也鼓励人们尊重其他国家和文化，推动多元文化的交流和理解。

综上所述，大同思想对于倡导人类命运共同体理念具有重要的学术价值。它提醒我们关注全球性问题，推动全球合作和共同发展，促进各国之间的交流和相互理解，为构建一个更加公正、平等、和谐的世界做出贡献。

二、大同思想对于促进国际合作与世界和平有重要的意义

大同思想作为中华传统文化中的一种重要理念，强调追求"天下大同"，

以及人类社会的和谐、平等和共同发展。这种思想对于当今全球化背景下的国际关系具有积极的启示作用。

在当前的全球化时代，各国之间的联系日益密切，经济、政治、文化等方面的交往越来越频繁。然而，随之而来的却是各种全球性挑战，如气候变化、恐怖主义、能源安全等。这些问题的解决需要各国之间的合作和共同努力，而大同思想所倡导的合作共赢理念正是应对这些挑战的关键所在。

大同思想强调尊重和合作的理念，这种理念可以促进全球合作和共同发展，推动各国之间的交流和合作，加强国际间的相互理解和支持。在处理国际争端和冲突时，大同思想倡导和平共处、互利共赢的理念，提醒我们要尊重各方的主权和利益，以对话、协商等和平方式解决分歧。这种理念不仅可以缓解国际紧张局势，还有助于建立更加公正、合理的国际秩序。

从学术角度来看，大同思想对于国际关系的研究也具有重要的意义。它提供了一种理解国家间关系和全球性挑战的框架，帮助我们认识到各国之间的相互依存和共同利益。通过借鉴大同思想的理念，可以更好地理解国际合作的必要性和可能性，进一步推动全球治理体系的完善和发展。

总之，大同思想对于促进国际合作与世界和平具有重要的意义。它提醒我们要尊重和关注不同国家和地区之间的差异和共同点，以合作共赢的方式解决分歧和问题。这种思想可以为建立更加公正、合理的国际秩序提供重要的思路和方法。

三、大同思想为实现共产主义理想提供思想基础

近现代中国对马克思主义的接纳和传播，显著地体现在大同思想传统的复兴与激活上。这一文化现象在中国新民主主义革命、社会主义革命和社会主义建设事业进程中具有深远影响。尽管大同理想与基于历史发展逻辑的共产主义科学构想存在本质差异，前者带有一定的空想成分，但两者都蕴含对

理想社会的热切向往，并在理想社会模型上呈现某种同构性。这也正是马克思主义能够与中国实际国情及中华优秀传统文化深度融合的内在原因之一。共产主义远大理想与古老的大同社会思想的结合，揭示了两者在哲学思想、人文精神及道德理念等方面的内在一致性。首先，大同思想中的民本思想与共产主义的人民中心立场是高度一致的。大同思想强调"民为贵，社稷次之，君为轻"，这种"敬德保民"的思想与共产党以人民为中心的立场相呼应。我们必须始终坚持以人民为中心的发展思想，不断推动人的全面发展，实现全体人民共同富裕。这一理念是对中华传统文明核心价值"重民本"的继承和弘扬，体现了深刻的历史思维和高度的文化自信。其次，"天下为公"的理念为人类解放指明了方向。在大同思想中，"天下为公"表达了对社会公正和平等的追求，这与共产主义理想中消除阶级差别、实现人类自由解放的目标是一致的。在马克思主义看来，人类解放是历史发展的必然趋势，而"天下为公"则是对这一趋势的诗意表达。这一理念不仅揭示社会发展的内在规律，也体现人类对美好未来的向往和追求。最后，"天下为公"的理念也与中国共产党的初心和使命高度契合。中国共产党自成立以来，就把实现共产主义作为最高理想和最终目标，把为人民谋幸福、为民族谋复兴、为世界谋大同作为初心和使命。在实现中华民族伟大复兴的征程中，"天下为公"的理念将激励我们不断前进，为实现人类解放和共同繁荣做出更大的贡献。

此外，大同思想在促进跨文化交流和理解方面发挥积极作用。它鼓励不同国家和地区的文化相互尊重、相互交流，进而推动文化多样性的繁荣和发展。在全球化的背景下，加强跨文化交流有助于增进各国之间的友谊和理解，进一步推动国际合作与世界和平。这种跨文化的交流可以促进文化交流与融合，有助于消除文化隔阂和误解，增强人类社会的凝聚力和向心力。大同思想提倡的跨文化交流，为建设一个更加和谐、繁荣的世界提供了有力的思想支撑和文化资源。

综上所述，大同思想在当今全球化的社会进程中仍然具有重要的现实意义。它为我们提供一种有益的思路和方法，有助于我们弘扬和谐、合作、公正、平等的价值观。这些价值观对于应对全球性挑战和促进国际关系的和谐发展具有重要意义。同时，通过挖掘和传承大同思想中的优秀元素，有助于推动全球范围内的公平、正义与和谐，推动世界各国之间的友谊与合作不断向前发展。

第四章

和合思想及其当代价值

在中华民族数千年文明史中，和合理念贯穿始终，并深深植根于中国人的精神世界，构成中华优秀传统文化的重要组成部分。和合思想源远流长、历久弥新，蕴含和而不同、和善友爱、协和万邦、和衷共济、知行合一等理念，富有深刻的哲学思辨和中国智慧。经过各个时期的创新和发展，和合文化已融入中华儿女的血脉中，形成中华民族独特的价值追求和民族性格。

中华文明中的和合传统是构建和谐社会、实现人类命运共同体的重要思想来源，体现中华民族爱好和平、公平正义、开阔包容的品质。它强调在尊重差异、包容多样的基础上，实现多元共存、和谐共生的局面，从而推动人类社会的繁荣进步。同时，和合思想也强调个人内在的修养与品德，倡导人与人之间的友爱、互助、宽容和尊重，追求内心的和谐与精神的自由。这种思想对于塑造个人品格、培养道德观念及推动社会和谐具有重要意义。和合思想作为中国传统文化的重要组成部分，既具有深远的历史渊源，又具有丰富的思想内涵。它不仅影响中华民族的价值观念和思维方式，也为构建和谐社会、推动人类文明进步提供重要的思想启示和文化资源。

第一节　和合思想的历史起源及发展

"和"最初是一种乐器，上下相和可以奏出优美的音乐。《文心雕龙·声律》曰："异音相从谓之和。"甲骨文和金文已经出现"和""合"这两个字。其中，"和"最初的意思是声音和谐，而"合"则是指上下唇合拢。在殷周时期，"和"与"合"还是单一的概念，尚未联用。但是，"和""合"二字的词义却是互通的，它们都表达和谐、协调的意思。这种和谐、协调不仅体现在人与人之间的交往中，也体现在人与自然、人与社会的关系中。在先秦典籍中，"和"与"合"常常被用来形容一种协调、和谐的状态。例如，《周易》中说："乾道变化，各正性命，保合太和，乃利贞。"❶意思是说，天道的变化使得万物各得其正，保持了谐调和谐的状态，这就是"太和"。《左传》中说："德、刑、和、政，不可以不难也。"意思是说，政治与德治、法治与和谐是相辅相成的，不能偏废。先秦时期的思想家们也强调人与人之间的和谐相处。例如，《论语》中说："礼之用，和为贵。"❷意思是说，礼仪的作用在于促进人与人之间的和谐。《墨子》中说："天下有义则治，无义则乱。"❸意思是说，如果上层社会崇尚道义，那么社会就会和谐稳定；如果下层社会崇尚利益，那么社会就会混乱不安。先秦时期的思想家们也强调人与自然的和谐相处。例如，《孟子》中说："夫物之不齐，物之情也；或相倍蓰，或相什百，或相千万。子比而同之，是乱天下也。"❹意思是说，各种物品的价值是不一样的，这是自然的道理。如果强行将它们等同起来，就会扰乱天下。因此，人们应该尊重自然规律，与自然和谐相处。

"和"与"合"在先秦时期是通用的，它们都表达和谐、协调的意思。就像《诗经》所提到的"既且和平，依我磬声"，合和思想表达华夏先祖对社会和谐的向往，并且蕴含和谐、和睦、和平等美好的理念。这些思想体现中华文化的融合性和包容性，对于后世中国文化的发展和世界文明建设有着深远的影响。

后来，"和合"二字逐渐开始联用，并构成一个范畴。《国语·郑语》

❶ 黄寿祺，张善文.《周易》译注 [M].上海：上海古籍出版社，2007：4.

❷ 《论语》译注 [M].杨伯峻，译注.北京：中华书局，2006：10.

❸ 墨子 [M].方勇，译注.北京：中华书局，2011：215.

❹ 同❸397.

曰："商契能和合五教，以保于百姓者也。"意思是说，为实现普通百姓的安居乐业，需要做到"父义、母慈、兄友、弟恭、子孝"五个方面的美德加以和合、聚拢。《国语·郑语》还记述了史伯关于和同的论述："夫和实生物，同则不继。……若以同裨同，尽乃弃矣。"认为阴阳和而万物生，完全相同的东西则无所生。和合思想不仅表达和谐、协调的意义，更强调不同因素、不同文化之间的融合与统一。可见，和合中包含不同事物的差异，只有矛盾多样性的统一，才能生存，才能发展，这是和合的真谛。

在春秋战国时期，和合思想得到极大地丰富和发展。春秋战国时期是一个充满挑战和变革的时代，诸侯国各自为政，互相争斗，社会动荡不安。在这种背景下，人们渴望和平、和谐、安宁的生活。在这个时期，诸子百家的思想家们提出各种理念，其中不少都强调和合的思想。他们认为，只有通过和谐、合作、团结，才能实现社会的稳定和发展。这种理念在当时的社会中产生了深远的影响，也为后世提供了宝贵的思想资源。

道家创始人老子认为，"道"是万物产生的根源。"道"包含阴阳两个对立而又互补的方面。同时，他强调万物都包含阴阳两个方面，这两个方面的相互作用构成"和"，即"万物负阴而抱阳，冲气以为和"❶。同时，这个"和"也是宇宙万物生存的基础。在自然界中，各种生物通过竞争、共生等方式，形成一个平衡、和谐的生态系统。在社会中，人们通过各种方式相互作用、相互影响，形成一个和谐、稳定的社会环境。因此，"和"是宇宙万物的本质及天地万物生存的基础。在老子的理论中，"和"不仅指和谐、统一，更是一种状态、一种结果。老子还强调无为而治的理念，他认为通过无为而治，可以达成一种自然、和谐的社会状态。这个无为而治的理念，并不是指什么也不做，而是指不要去强求、不要去过度干预，让事物自然发展、自然平衡。通过这种方式，可以使社会自然而然地发展，自然而然地达到一种和谐、平衡的状态。这种状态不是通过强制、干预达成的，而是通过自然的发展、调整达成的，即"人法地，地法天，天法道，道法自然"。

---

❶ 老子 [M]. 汤漳平，王朝华，译注. 北京：中华书局，2014：165.

儒家学派创始人孔子，以"和"为人文精神之核，这一思想在其言论中得到充分体现，如"礼之用，和为贵"，强调"和"作为治国、处世及礼仪制度的最高价值。子思则在《礼记·中庸》中提出："中也者，天下之大本也；和也者，天下之达道也。致中和，天地位焉，万物育焉。"❶从而将和合思想蕴含的和顺、和畅、和美等意义由人类推及整个宇宙自然。在处理人与人之间的关系时，孔子强调："君子和而不同，小人同而不和。"他既承认人与人之间的差异，又主张将不同的观点、思想相互融合，通过互补的方式达到统一、和谐，这便是和合思想的哲学智慧。

管子是中国古代思想家中最早对和合概念做出论述的人之一。《管子·兵法》曰："畜之以道，则民和；养之以德，则民合。和合故能谐，谐故能辑，谐辑以悉，莫之能伤。"这段话的意思是，如果用道来蓄养民众，民众就能和睦相处；如果用德来教养民众，民众就能齐心协力。和睦相处所以能和谐，和谐所以能团结，和谐团结以至于能完全融合，形成强大的力量，使得任何事物都无法伤害他们。同时，管子将"道"与"德"作为实现和合的重要手段，通过"道"的引导和"德"的涵养，使民众达到和睦相处、合力共事的境界。这种和合的理念，既是一种社会治理的理想状态，也是一种人际关系处理的准则。在管子看来，和合不仅是社会和谐的基石，更是国家强盛的保障。只有实现了和合，民众才能团结一心，共同抵御外部压力，推动社会的发展进步。

墨子的和合思想体现在对和谐社会的追求上，墨子认为和合是处理人与社会关系的根本原理，因此墨子曰："故天下兼相爱则治，交相恶则乱。"❷表明墨子对和合思想的基本观点。他认为，人们应该兼爱众人，就能够实现社会和谐，相互厌恶就会变得混乱。墨子进一步阐述："天下之人皆相爱，强不执弱，众不劫寡，富不侮贫，贵不敖贱，诈不欺愚。凡天下祸篡怨恨，可使毋起者，以相爱生也。"❸这意味着，如果天下的人都能相爱，不倚强凌

A　礼记[M].胡平生，张萌，译注.北京：中华书局，2017：1007.

B　墨子[M].方勇，译注.北京：中华书局，2011：122.

C　同❷126.

弱，富不侮贫，贵不傲贱，那么天下的祸乱、怨恨都可以避免，社会就能达到真正的和谐。墨子的和合思想强调的是一种无差别的爱，这种爱超越了亲疏、贵贱、贫富的界限，追求的是全社会的和谐与公平。

《易传》提出十分重要的太和观念，讲"保合太和，乃利贞"。这里的"保合"，就是保持、维护、合成的意思；"太和"则是指最高的和谐，是宇宙万物发展的极致状态。这句话的意思是，只有保持和维护这种最高的和谐，才能使事物的发展得以顺利进行。这是一种对和谐完满的宇宙秩序的追求，也是对万物顺利发展的期许。《易传》中提出的太和观念，无疑是中国古代哲学中十分重要的一个概念。它强调的是宇宙间一切事物的和谐统一，以及这种和谐统一所能达到的极致状态。"保合太和"是《易传》中十分重要的思想之一。它强调的是对宇宙秩序的理解和把握，以及社会治理的原则和方法的理解。这一观念不仅丰富和发展了中国古代哲学，而且对人类文明的进步做出了重要贡献。

自秦汉以来，和合概念在中国文化中逐渐得到广泛应用，成为中国文化发展的一个重要思想，并且不断丰富和深化。尤其是两汉时期以后，随着佛教传入中国，儒、道、释三种思想在相互冲突的过程中不断融合。隋唐以后，随着佛教的日益中国化，三种文化思想融合的趋势更加明显。不仅强调"入世"的儒家强调和合，而且讲究"出世"的佛教也重视和合思想，如"因缘和合"，即认为世间万物都是由因缘和合而生，没有永恒不变的实体。佛教的和合理念体现在对万物因缘和合的理解，对内心清净和平等的追求。这些理念与中国固有的和合观念相互呼应，充分丰富和发展了和合思想。宗教文化与儒家文化在保持各自特色的同时，相互融合、相互借鉴，为中国文化的持续发展注入新的活力，使其内涵更加博大精深。

作为中国文化精髓的和合思想，贯穿于中国文化的整个发展历程，无论是各个时代还是各个学派，都能看到其深远的影响。从汉代大儒董仲舒提出"天人之际，合而为一"的哲学理念，到宋明理学从哲学本体论上深刻论证宇宙和谐、天人和谐的思想，和合思想逐渐走向成熟与完备。

随着中华民族在物质和精神层面的不断发展，和合思想作为中华文明的核心思想，已经深入中华民族文化和个体思维的每个角落。它在中华民族的精神建构中发挥着日益重要的作用。它不仅是中国文化审视人与自然、人与社会、人与人之间关系的根本准则，更是中华民族解决自然与社会、不同族群、不同国家、不同文明之间矛盾的重要理论资源。同时，和合思想中的"协和万邦""天下大同"观念，为世界文化的多样性和包容性提供了中国智慧的独特贡献。

第二节 和合思想的主要内容

在中华优秀传统文化思想中，和合思想并不是一个独立的思想文化体系，而是在吸收各种思想精华的基础上，历经时代变迁逐渐形成的。儒、道、墨、释等不同的思想流派都蕴含了丰富的和合思想，并在历史长河中不断丰富和发展，形成以和为贵的交往观、"天人合一"的生态观、"和而不同"的价值观、"协和万邦"的政治观等丰富的内容。这些思想内涵广阔、意蕴深邃，它们所蕴含的和合精神不断碰撞、融合，使和合思想的内涵得以日益丰富和深化。

一、以和为贵的交往观

中华传统文化的核心精神是"和"，这种以和为贵的交往观念强调人与人之间应该以和谐、合作、共存共荣为最高目标。在这种观念下，人类社会被视为一个大家庭，每个成员都具有独特的价值和作用，应当相互尊重、理解和支持。这就是所谓的"万物并育而不相害，道并行而不相悖"❶，强调和

---

❶ 论语·大学·中庸[M].陈晓芬，徐儒宗，译注.北京：中华书局，2011：352.

谐共处的重要性，而和合则更多地意味着和睦共处，这种和合状态是自古以来人们一直追求的理想社会状态。

儒家思想极为重视以和为贵的观念。在儒家的思想体系中，"和"代表和谐、团结、协作等积极价值，是一种致力于人类社会和平共处、共同进步的理想。儒家主张人与人之间、人与自然之间及国与国之间的和谐共存，以推动人类社会的和平与繁荣。在人与人之间的关系上，孔子主张"君子和而不同，小人同而不和"❶。这里的"和"指的是不同事物之间的和谐共处，而"同"则是指对同一事物的简单相加或重复。儒家认为，君子应该在尊重差异和个性的基础上，寻求共同点和合作点，以达到和谐共处的目标，而小人则往往只追求表面上的相同和一致，忽视真正的和谐和差异。国家之间的关系也要追求和谐。孔子曾说："远人不服，则修文德以来之。"❷这里的"远人不服"指的是其他国家不臣服于我，而"修文德以来之"则是指通过提高自己的文化素质和道德水平，以吸引其他国家前来臣服。这意味着当一个国家无法使其他国家臣服时，应该通过提升文化素质和道德水平来吸引他们，从而实现国家间的和平共处和共同发展。儒家还强调人与自然的和谐。孟子曾说："天时不如地利，地利不如人和。"❸这里的"天时"和"地利"指的是客观的自然条件和社会环境，而"人和"则是指人与人之间和谐与团结合作。这表明尽管自然条件和社会环境很重要，但人与人之间的和谐合作才是实现人与自然和谐发展的关键。只有当人们和谐共处时，才能更好地利用自然条件和社会环境促进人与自然的和谐发展。

道家思想也讲以和为贵。在道家的思想中，"和"是一种重要的理念，它代表和谐、统一、平衡和秩序。老子认为，"和"之所以是人类的共同理想，其原因在于天地万物本身就是阴阳二气彼此激荡而产生的和谐体。他认为，"和"是人类的最高境界，是身体与心灵的统一，是人与人、人与自然、人与社会的和谐相处。在《道德经》中，老子多次提到"和"这个字，并表

❶ 《论语》译注 [M]. 杨伯峻，译注 . 北京：中华书局，2006：200.

❷ 同 ❷244-245.

❸ 孟子 [M]. 方勇，译注 . 北京：中华书局，2011：65.

达他对"和"的理解。例如，他说："和其光，同其尘，湛兮似或存。"❶这句话的意思是，调和它的光辉，混同于尘垢，隐没不见，又好像实际存在。在这里，老子强调的是一种内在的和谐。老子还认为，"和"是万物之始，是万物的本性。他说："道生一，一生二，二生三，三生万物。万物负阴而抱阳，冲气以为和。"❷这句话的意思是，道产生一，一产生二，二产生三，三产生万物。万物背负着阴，怀抱着阳，冲气而达到和谐。这里的"冲气以为和"是指阴阳二气的相互激荡而产生和谐体。

为什么儒家和道家都讲以和为贵的理念呢？这是因为春秋战国时期，社会动荡不安，诸侯争霸，战争频繁，人们都渴望和平。在这个时期，儒家和道家都提出"和"的理念，以解决社会矛盾和冲突。儒家主张以德治国，强调人与人之间的仁爱、礼义和和谐，而道家则提倡无为而治，强调自然和谐、"天人合一"。这两种思想流派都认为"和"是解决社会问题的关键。荀子说"四海之内若一家"，通过推广儒家的道德教化，可以促进人民之间的相互了解和信任，从而消除彼此的隔阂和矛盾，达到国家统一和社会和谐的目的。在荀子的理念中，"四海之内若一家"是一个理想的社会状态，意味着全天下的人们像一家人一样和睦相处，通过互相帮助和支持，共同创造一个太平盛世，而道家则更侧重于对个体内在精神的修养与自然的和谐相处。道家强调遵循自然规律，认为万事万物都应自然而然，不加以过多人为干预。在道家看来，社会的不和谐往往是由于人们过度追求欲望和名利，而忽视与自然的和谐关系。因此，道家主张回归自然、节制欲望，以此来达到身心和谐的状态。虽然儒家和道家在如何实现"和"的具体手段上有所不同，但他们都认为"和"是社会的最高境界，是人类社会应该追求的目标。这种对"和"的共同追求，使儒家和道家的思想在春秋战国时期得到广泛的传播和接受，并对后世产生了深远的影响。

在中华传统文化中，"人和"是成功的关键，中国人将"和"作为自己

---

❶　老子 [M]. 汤漳平，王朝华，译注. 北京：中华书局，2014：16.

❷　同❶165.

的文化信仰和价值理念。因此，传统和合文化所提倡"贵和尚中"的理想境界，强调的是和谐、协调、平衡和秩序。在中华传统文化中，人们相信只有通过和谐相处、相互尊重和协调合作，才能实现个人、家庭、社会，以及宇宙的平衡与秩序，并最终达到"厚德载物"以和为贵的文化意识和文化自觉。《周易·系辞》中提到"天地氤氲，万物化醇；男女构精，万物化生"❶，这句话意味着天地间的阴阳二气相互交融，形成一种"和"的状态，这个状态促进万物的生长和全国人民就像一家人一样，团结一心，和睦相处，认为只有当人民之间建立起互相信任、互相尊重的关系时，才能实现社会的稳定和繁荣。以和为贵的交往观认为通过道德的教化，可以使人做到"格物致知"，能够有效地维持人际关系的和谐与稳定，形成一种自觉的和谐状态。同时，以和为贵的交往观提倡合理看待现实社会中的差异与矛盾，并以包容的态度克服困难，相互合作，实现整体的和谐发展。

二、"天人合一"的生态观

尊重自然、珍视生命，是古人淳朴的生态观念和价值观，这一思想源于中国古代的哲学思想和文明传统。自远古时期开始，人们就形成尊崇天地、敬畏天地的文明意识，视大自然为至高无上的存在，怀有深深的敬畏之心。这种敬畏之心在各种祭祀活动中得以体现，如祭天、祭地、祭山川、祭日月等，旨在祈求风调雨顺、五谷丰登。这些祭祀活动既反映古人对大自然的崇敬与感激之情，也彰显他们对自然环境的关注与保护意识。《山海经》是先秦时期的古籍，其中记载了许多神话传说。在这些故事中，后羿射日、夸父追日、大禹治水等，都展现了我们的祖先与自然之间的关系。这些传说虽然充满奇幻的情节和浪漫的想象，但它们所要传达的核心思想却是人类与自然之间的互动与和谐。这表明古代先民对人与自然关系的思考与探索。在古

---

❶ 于本明.《周易本义》解读 [M]. 北京：中国工人出版社，2019：648.

代，人们通过观察自然界的变化和规律，逐渐形成"天人合一"的生态智慧。先民们认识到人类应该顺应自然、因势利导，而不是盲目破坏自然。因此，古代的建筑、农业、水利等技术都充分考虑自然环境和生态平衡的因素，尽量减少对自然的破坏和污染。

"天人合一"观念，作为中国古代哲学和中华传统文化中的核心思想之一，深入探讨了人与自然的关系。在这一观念中，顺应"天命"，即遵循大自然的运行规律，以保护自然生态环境被视为发挥人的主观能动性的前提。它强调人类在利用和改造自然时，应顺应并尊重自然规律。"天人合一"的生态观，实则是和合思想在处理人与自然关系方面的核心体现。和合思想坚信，人与自然是相互依存、相互作用的关系，二者紧密相连，并不是孤立存在的。人类不应将自己视为自然的主宰，而应视为自然的一部分。因此，这种思想强调人类应尊重自然、顺应天时，以实现天人之间的和谐共存。中国的和合思想着重强调"天人合一"与"道法自然"的理念。这意味着人类应善待自然、合理利用资源，而非无度地掠夺。

在中华民族的发展历程中，基于"天人合一"的自然观，不少思想家都提出顺应自然、利用自然的思想。他们强调人类与自然的和谐共生，倡导人们遵循自然规律，合理利用自然资源，从而实现人与自然的和谐共处。这种理念充分展现中华民族对大自然的敬畏与尊重，同时也揭示中华民族在应对自然环境时所展现的智慧与创造力。

在儒家看来，自然界是一个有机的整体，它有自己的规律和秩序。人们应该尊重自然规律，不去违背自然界的法则。同时，人们也应该通过自身的修养和行为，与自然界保持和谐的关系，不去破坏自然界的平衡和稳定。孔子说："天何言哉？四时行焉，百物生焉，天何言哉？"●意思是说，天虽然无言，但四季照常运行，万物照样生长。这句话表达了孔子的"天人合一"思想，即认为自然界和人类社会是有机统一的整体，它们之间存在内在的联系和互动。在《中庸》中，孔子提到："天命之谓性，率性之谓道，修道之谓教。"

● 《论语》译注 [M]. 杨伯峻，译注. 北京：中华书局，2006：267.

这句话表达了儒家的"天人合一"思想，即认为天命、人性、教化之间存在内在的联系和统一。"天命之谓性"是说人的本性是由天命所赋予的，是自然界的一部分，具有自然属性。人们应该认识和遵循自己本性的自然规律，不去违背它。"率性之谓道"是说人们遵循本性的自然规律，按照天道行事，就可以达到一种和谐共生的境界。这种遵循天道的行为就是人们应该追求的"道"。"修道之谓教"是说人们通过自身的修养和学习，可以逐渐领悟天道之理，从而更好地遵循天道行事。这种修养和学习就是人们应该追求的教育和成长。总的来说，这句话表达了儒家对"天人合一"思想的重视，认为人们应该通过修养和学习，认识和遵循自然规律，达到一种和谐共生的境界。同时，这也强调了人们应该积极参与社会实践和改革，为社会的发展和进步做出贡献。孟子在《孟子·梁惠王上》中提到："不违农时，谷不可胜食也；数罟不入洿池，鱼鳖不可胜食也；斧斤以时入山林，材木不可胜用也。谷与鱼鳖不可胜食，材木不可胜用，是使民养生丧死无憾也。"❶提倡保护资源，给生物以休养生息的时间和空间。同时，也强调合理利用和保护自然资源的重要性，提醒人们要顺应自然规律，保护生态环境，才能实现可持续发展。荀子更是提出："天行有常，不为尧存，不为桀亡。应之以治则吉，应之以乱则凶。"❷荀子的这段话强调自然界有其自身的规律和运行周期，不会因为个人的意志或统治者的存在而改变。如果人们能够顺应自然的规律进行生产和生活，就会获得好的结果；如果违背自然的规律，就会遭受灾难和不幸。荀子的观点可以看作是"天人合一"思想在自然观方面的进一步发展。他认为人类应该尊重自然、顺应自然，与自然保持和谐的关系。同时，他也强调人类的主观能动性，认为人们可以通过自身的努力和智慧来认识和利用自然规律，达到改造自然、造福人类的目的。

道家思想中的"天人合一"理念，是一种深邃的哲学思考。它着重强调人与自然的和谐共存，主张人类应超越个人的主观分别心，平等地对待所有生命。这一思想鼓励人们以一种超越的、客观的视角看待世界，寻求与自然

❶ 孟子 [M]. 方勇，译注. 北京：中华书局，2011：5.
❷ 荀子 [M]. 方勇，李波，译注. 北京：中华书局，2011：265.

界的和谐统一。道家经典《道德经》中说："天长地久。天地所以能长且久者，以其不自生，故能长生。是以圣人后其身而身先，外其身而身存。非以其无私耶？故能成其私。"❶ 这段话强调人与自然的和谐共生，认为只有当人类与自然保持和谐的关系时，才能实现自身的价值和愿望。同时，也强调人类的智慧和道德应该追求无私、不为自己而生，这样才能实现"天人合一"的境界。庄子在《庄子·齐物论》中提到："天地与我并生，而万物与我为一。"❷ 这句话鲜明地体现庄子的"天人合一"观点。庄子认为，天地与我、万物与我，都是"道"的表现形式，没有本质的区别。人类应该放下对万物的分别心，平等地对待一切生命，以一种超越的、客观的态度来看待世界。这种"天人合一"的观念，不仅体现庄子对于人与自然关系的认识，也体现他的哲学思想和方法论。他强调超越主观的偏见和局限，以一种超越的、客观的态度来看待世界，这正是"天人合一"观念的核心所在。道家经典《周易》中也包含了"天人合一"的思想。其中说："夫大人者，与天地合其德，与日月合其明，与四时合其序，与鬼神合其吉凶。先天而天弗违，后天而奉天时。"❸ 这段话强调人类与天地、日月、四时、鬼神的合一，认为只有顺应自然的规律，才能实现"天人合一"的境界。

在"天人相和"的哲学思想指导下，张载深化并拓展了先秦时期的"天人合一"观念，提出"天人合一，民胞物与"的观点。他坚信，人类社会与自然界是紧密相连的，人们应当与万物共生共存，形成一种人与自然和谐共生的理想状态。同时，张载强调人的本性与天道的统一，认为人的天性是天赋的，而天道则是人性追求的最高境界。他提倡通过内省和慎独等修养方式，激发人内在的潜能，以达到与天道的合一。"天人合一，民胞物与"的价值理念，展现古代哲人对人与自然、人与社会关系的深入思考。它强调人与人、人与自然应该构建一个和谐的共同体，相互依存、和谐共处，从而促进社会的和谐稳定和持续发展。同时，这一理念也注重人与人之间的亲情、

---

❶ 老子 [M]. 汤漳平，王朝华，译注. 北京：中华书局，2014：27.

❷ 庄子 [M]. 方勇，译注. 北京：中华书局，2010：31.

❸ 《周易》译注 [M]. 黄寿祺，张善文，译注. 上海：上海古籍出版社，2007：14.

友情和互助合作，以及对生命的尊重和珍视。

宋明理学的代表人物之一朱熹认为，"天人合一"是人类社会的最高境界，而这一思想的基础是"天理"。"天理"既是宇宙万物的本原，也是人类社会的最高准则。人们应该通过内省、慎独等功夫，挖掘内在的潜能，以达到与天理合一的境界。在朱熹看来，自然万物皆有自己特有的存在方式和规律。人与自然万物相处，必须依照它们各自特有的存在方式和规律，而不能依据人的主观想象，更不能违背自然万物各自的存在方式和规律。因此，朱熹强调人与自然应当和谐共处。他认为，自然界和人类社会是密不可分的，人们应该与万物共存，相互依存，表现出一种人与自然和谐相处的理想状态。更重要的是，朱熹认为人与物的最大差别在于人是万物之灵，具有智慧和理性，可以认识自然、改造自然，但这种改造必须是在尊重自然规律的前提下进行的。作为万物之灵的人并不是可以任意主宰万物、掠夺自然、破坏自然的。人不仅对自己，而且对自然万物都负有责任。鉴于此，朱熹强调"格物致知"，认为人们应该通过研究自然界的规律和奥秘，来认识和掌握自然，而不是盲目地破坏自然、掠夺自然。

整体看来，中华传统文化中蕴含的"天人合一""道法自然"的思想与"民胞物与""格物致知"的价值理念皆传递了中华传统和合思想的生态追求。在这一理念的影响下，认识自然并合理地利用自然，实现"天""人"关系的平衡成为中华民族顺天应时的生态文明观。

三、"和而不同"的价值观

"和而不同"是中华优秀传统文化思想的精髓，主张通过协调"不同"，从而达到协调统一。"和而不同"的旨义是和合而不苟同，也就是既要达成和谐，又要保持自己的独立性。因此，"和而不同"并非指表面毫无差异的一致，而是指不同事物之间相互依存、相互促进、和谐共存的状态。中华传统文化中的和平理念并非一元论的文化，也并非强调非此即彼的二元论文化，而是崇尚多元文化的理念。它对外来文化采取兼收并蓄、包容的态度。这种理念有助于我们摒弃非此即彼的斗争思维，树立亦此亦彼的和谐共存思想。不同的国家与民族之间因各自的文化传统或宗教信仰而形成各自的文明体系。然而，文明的多样性不应成为彼此对抗甚至冲突的理由。实际上，存在差异性的行为体之间完全可以相互理解、相互尊重，求同存异、取长补短，以和平的方式进行交往，在相互尊重的前提下共同发展。因此，"和而不同"的理念正是我们处理与其他国家和民族之间关系的正确指导思想。这一理念强调在尊重差异的基础上寻求共同发展，为国际社会的和谐共存与共同发展提供宝贵的思想资源。

"和而不同"的观念最早来自史伯的"和实生物，同则不继"❶。他认为不同的东西彼此和谐才能生成世间万物，如果所有东西都一样，世界就不再发展了。这个观点与"和而不同"有异曲同工之妙，所强调的都是既要尊重事物的差异，又要注重差异的融合。"和"是事物多样性的统一。"和实生物"强调在差异中寻求和谐，在和谐中保持差异的重要性。孔子进一步提出"君子和而不同，小人同而不和"❷，这句话表达君子能够与他人和谐相处，却不盲从附和，小人表面上看常和他人保持一致，实际上并不讲求真正的和谐贯通。这个观念体现对多样性的包容与兼顾，主张万物和谐而不千篇一律，人与人存在差异而不相互冲突。春秋时期的政治家和思想家晏子认为和谐是国家的基石，没有和谐，国家就会不安定；同样，和谐也是家庭的基石，没有和谐，家庭就不会安宁，而和谐的实现，必须以礼为纲纪，以敬为门户，以忍为防线。他的"和而不同"理念是在尊重礼法的前提下，主张灵活变通，根据不同的情况和对象采取不同的策略和方法。

纵观历史上思想家们对于"和而不同"思想的论述，"和而不同"的价值理念影响到人与人、人与自然、人与社会发展的方方面面。

首先，"和而不同"是一种崇尚和谐精神的价值观，它强调在尊重和包容差异的基础上追求和谐。"和而不同"的理念认为，和谐是一种理想状态，

---

❶　徐元诰.《国语》集解 [M]. 北京：中华书局，2002：470.

❷　邹憬.《论语》译注 [M]. 上海：上海三联书店，2012：196.

它不是要求完全相同，而是要求尊重和包容差异。在这种状态下，不同的事物可以和谐共存，并且相互促进、共同发展。这与一些人只追求表面上的相同和一致不同，真正的和谐需要建立在尊重和包容差异的基础上。

其次，"和而不同"主张"求同存异"，强调在尊重和包容差异的基础上追求和谐。"和而不同"是一种崇尚和谐精神的价值观，它要求人们在尊重和包容差异的基础上追求和谐。人类文明具有差异性、多样性及独立性的特征，不同文化、思想的交流碰撞可以为自身的成长带来新的生命力。在《论语·述而篇》中，孔子提到："择其善者而从之，其不善者而改之。"❶意思是说要善于发现别人的长处，学习好的方面，同时也要改正不好的方面。这体现求同存异的思想，即在寻求共同点的同时，也要尊重差异，不排斥与自己不同的观点和思想。《礼记·乐记》中提到"乐者为同，礼者为异。同则相亲，异则相敬。"❷意思是说音乐能够使人们和谐相处，礼仪能够使人们相互尊敬。这里强调求同存异的重要性，即在保持差异的同时，也要寻求共同点，相互尊重、和谐共处。

再次，"和而不同"提倡"兼收并蓄"。"和而不同"的理念提倡兼收并蓄，强调每一种文明成果都有其独特性，都有值得借鉴的地方，鼓励人们以开放的心态去接纳和学习不同文明成果的独特之处，相互借鉴、共同发展。在春秋战国时期，尽管形成诸子百家相互争鸣的繁荣局面，但各家学派都注重通过多元开放的理念推动彼此相互借鉴学习。儒家文化不仅与本土文化兼容并蓄，同时也积极吸收外来文化的优秀成分，展现其博采众长的特点。在东汉明帝时期，佛教这一外来宗教文化从印度传入中国。在这个过程中，佛教文化始终能够与儒家文化和本土文化和谐共存。到了南北朝时期，儒家开始吸收佛家、道家的长处，而佛家、道家也接纳了儒家精神。儒、释、道三家逐渐形成相互尊重、相互融合的局面。隋唐时期，这种相互借鉴和融合进一步深化，"三教合一"的局面开始形成。

千百年来，基督教、佛教等外来宗教文化都能在中国本土和平生存、

❶《论语》译注 [M]. 杨伯峻，译注. 北京：中华书局，2006：103.
❷ 礼记 [M]. 胡平生，张萌，译注. 北京：中华书局，2017：720.

发展壮大，并未受到本土文化的排斥和打压。这充分证明中国文化的兼容并蓄特质，体现中华文化的博大胸怀和开放精神。正如《庄子·秋水篇》所提到的"天下之水，莫大于海，万川归之"❶，可以说正是中华文化五千多年来的包容和融合，才形成其独特而丰富多彩的文化内涵，并使其在世界文化中占有重要地位。

四、"协和万邦"的政治观

在中华文化深植的核心价值观中，和平与和谐占据着重要的位置。它强调人与人、人与社会、国家与国家之间的和谐共处，认为这是人类社会发展的基石。中华文化坚决反对战争和暴力，始终追求和平与合作，这是源于对生命的尊重和对人类尊严的维护。在中国古代思想家的智慧中，有许多关于和平、和谐和仁爱的论述。这些思想，如以和为贵、"和而不同"，都深刻强调和平的价值和意义。这些理念不仅塑造中华文化的独特精神，而且也为世界和平发展与和谐共存提供重要的思想资源。

"协和万邦"作为中国和合思想政治观的首次表达，出现在《尚书·尧典》："克明俊德，以亲九族；九族既睦，平章百姓；百姓昭明，协和万邦。"❷意思是尧努力彰显光明的品德，以此亲爱家族中的九族之亲；九族和睦之后，再公平地评价百官；百官都能明辨是非之后，再协调和睦各国邦交。由此可见，"协和万邦"的理想社会不是夸夸其谈，一蹴而就的，而是层层推进，渐进式发展。这与后来《大学》的"修身、齐家、治国、平天下"的路径是一致的。修齐治平是古代读书人的一种理想，对于古代读书人来说，这个理想是他们心之所向的。他们认为，只有通过"修身、齐家、治国、平天下"的过程，才能实现自己的人生价值和追求。其中，"修身"是指提高自身的品德修养，做到言行一致、以身作则；"齐家"是指管理好家

---

❶ 庄子 [M]. 方勇，译注. 北京：中华书局，2010：259.

❷ 尚书 [M]. 顾迁，译注. 北京：中华书局，2016：2.

庭，让家人和睦相处，共同渡过难关；"治国"是指通过政治手段，治理好国家，让人民安居、乐业；"平天下"则是指通过治理好国家，为天下百姓谋福利，实现天下太平的理想。可以说"协和万邦""四海之内皆兄弟"是中华传统和合文化的最终诠释。

"协和万邦"主张以和合文化处理国家间关系的政治理念和原则，体现了中国古人的和平思维和文化传统，是"和而不同""天人合一"思想在国家间政治关系中的愿景表达。"和而不同"是"协和万邦"的重要前提，在"协和万邦"的语境中，"和而不同"的思想可以理解为：各个国家、各个民族之间应该承认彼此的存在并能够理解彼此之间的差异，相互尊重、相互理解、相互包容，实现和谐共处、共同发展。而不是通过强制、压迫、剥削等不公正手段来实现所谓的"统一"或"和谐"。因此，"和而不同"是"协和万邦"的重要前提，只有在这个前提下，各个国家、各个民族之间才能真正实现和谐共处、共同发展。和睦共处是"协和万邦"的目的和归宿。"协和万邦"的思想体现中华文化在处理民族与国家之间关系时的传统观念，追求和平、发展、"和而不同"、和平共处、和谐共生的理想状态。中国古代的政治家和思想家在处理与周边国家的交往中，始终秉持"协和万邦"的和平发展原则。他们以"天下"的情怀为指引，倡导民族与国家之间应珍视和平、追求和平发展、实现和而不同、和平共处及和谐共生。这种思想深刻体现中华传统文化中的和合理念，即强调人与人之间的和谐、人与社会之间的和谐，以及国与国之间的和谐。

自古以来，中国人就拥有"四海之内皆兄弟"的天下情怀，秉持实现"天下大同"的道德美好愿景。这种情怀与"协和万邦"的政治观和"世界大同""天下为公"的理念亦有异曲同工之处。在大同社会的构想中，人们泛爱众、兼相爱，同心协力、共同劳动、共享生活。这种大同社会是中国古代先贤所追求的理想社会，也是"协和万邦"政治理念的具体实践。正是由于秉持了"协和万邦"的政治理念和人人为公的广阔胸襟，中华文明才得以绵延不断，历经五千多年的历史而依然辉煌。这些理念和精神将继续激励中国人民在追求和平、发展和公正的道路上不断前行，为构建人类命运共同体贡献中国智慧和中国力量。

第三节　和合思想的当代价值

和合思想，作为中国本土文化中富有生命力的核心与要素，汇聚了各个历史时期儒、释、道等思想文化的精髓。它吸收了历朝历代治国理政的宝贵经验，彰显了中华民族独特的精神特质。这一思想深深渗透在中华文化的不同维度和各个方面，广泛塑造了中华民族的价值观念、思维方式与行为准则。随着时代的演进和社会的变迁，和合思想的理论内涵与现实意义也在不断地丰富与拓展，为现代社会提供多方面的思想支持。这一思想在促进人际和谐、推动生态文明建设、塑造社会主义核心价值观，以及构建人类命运共同体等方面都发挥着积极的作用。和合思想不仅对中国社会产生深远的影响，也为国际社会提供独特的中国智慧。这一思想有助于引导人们在当代社会中更好地平衡人与人、人与自然之间的关系，从而推动人类社会的进步与发展。因此，和合思想的理论内涵和现实意义将不断被传承和发展，继续为人类社会的进步和发展做出贡献。

一、和合思想有助于促进人与人之间的和谐相处

在当代社会，人与人之间互动频繁，关系错综复杂。面对各种复杂的关系和问题，人们很容易陷入矛盾和冲突中。随着改革开放的深入推进，经济、政治、文化等领域都经历了巨大的变革。不同阶层的人表达出各自的利益诉求，导致人际关系变得越来越复杂。这些复杂的利益关系和矛盾冲突都会给社会安全和稳定带来潜在的问题。和合思想是一种独特的哲学理

念和思维方式，它注重矛盾的同一性，同时也不排斥矛盾的差异性，强调在尊重差异的基础上进行调和。这一思想强调人与人之间的相互尊重、理解、包容和合作，有助于缓解人们的焦虑，促进平等和谐的人际关系的建立。在和合思想的指导下，人们更加关注彼此的感受和需求，尊重他人的意见和选择，从而减少冲突和矛盾。同时，和合思想提倡合作与共赢的精神。在人际交往中，人们可以通过合作实现共同的目标，分享资源和经验，从而增进彼此的信任和友谊。这种合作精神有助于建立良好的人际关系，促进社会的和谐与稳定。此外，和合思想还着重强调人与人之间的诚信和友善。在人际交往中，人们应该以真诚的态度去对待他人，建立信任和友谊。同时，也应该以友善的方式去关心他人的需求和感受，给予必要的帮助和支持。这种诚信和友善可以增进彼此之间的感情，促进人际关系的和谐发展。总之，和合思想在当代社会仍具有深远的影响力。它引导人们以更为理性和成熟的方式处理各种复杂的人际关系。通过运用和合的思维方式，人们能够以沟通、协商的方式化解矛盾和冲突，实现和谐共处。通过实践和合思想，建立健康、稳定的人际关系，为社会的和谐稳定做出积极的贡献。

二、和合思想为生态文明建设贡献了历史智慧

和合思想不仅是一种方法论，更是一种深刻的生存哲学。在人与自然的关系上，和合思想主张"天人合一"和"天人共存"，强调人与自然的和谐共生，以及整体观和系统观的思维方式。庄子曾说："天地与我并生，而万物与我为一。"这一哲学思想深刻地揭示了天地万物与人类共同存在的本质，强调人类与自然之间没有隔阂和分别。人类和自然是相互依存、相互作用的有机整体，彼此之间相互影响、相互作用。在生态文明建设中，和合思想为我们提供了重要的指导。我们应当尊重自然、顺应自然、保护自然，努力实现人与自然和谐相处。这一思想与当代生态文明建设的主张高度契合，为人

类社会的可持续发展提供重要的思想指引。

我国改革开放 40 多年来，为了经济的发展，一些地方"竭泽而渔""杀鸡取卵"，无止境地开发利用自然资源，造成严重的生态环境破坏，出现水、土、空气遭到污染等严重环境问题，已直接影响经济社会可持续发展，威胁人民群众的身心健康。"天人共存"表达人与自然共同生存和发展的愿景。人类和自然不是对立的，而是可以相互依存、相互促进的。在资源利用和环境保护方面，人们需要注重资源的可持续利用和生态环境的长期保护。这种思想启示人们要避免短视和急功近利的行为，追求长期的发展和利益。和合思想为当代生态文明建设提供重要的历史智慧。通过借鉴和应用和合思想，人们可以更好地认识自然、尊重自然、保护自然，推动生态文明建设的全面发展，实现人与自然的和谐共生。在大自然面前，人类是渺小的，但并不是被动的。尽管人类无法改变自然规律，但是我们可以通过科技和智慧来适应和利用自然环境，提高生存和发展的能力。人类作为智慧生物，具有独特的思考和创新能力。通过观察和研究自然现象，逐渐理解并掌握其中的规律，运用科技手段来预测和应对自然灾害，保障人类的生命财产安全。同时，人类还可以通过改变自身的行为方式和生活习惯，减少对自然环境的破坏和污染，促进生态环境的恢复和保护。例如，推广清洁能源、发展循环经济、倡导低碳生活等，都是人类积极应对自然环境挑战的重要举措。

三、和合文化是培育社会主义核心价值观的深厚沃土

价值观属于文化范畴，其形成和发展深受历史文化传统的影响。作为中国特色社会主义核心价值观体系，社会主义核心价值观深深植根于中华传统文化的土壤之中。在"富强、民主、文明、和谐，自由、平等、公正、法治，爱国、敬业、诚信、友善"这 24 字社会主义核心价值观中，国家、社会和公民三个层面的价值观念，都在不同程度上吸收和

借鉴了中华和合文化的思想道德精髓。其中，"和谐""爱国""友善"等价值观与和合思想高度契合，而其他各方面也都蕴含和合文化的理念。这表明，中华和合文化对于社会主义核心价值观的形成和发展具有深远的影响。

首先，从国家层面来看，社会主义核心价值观所倡导的"富强、民主"理念，强调一切以人民群众的利益为出发点，关注民生，只有当人民安居乐业时，国家才能真正富强。这一理念是民本思想在当今时代的升华。在中华传统文化中，人与自然的和谐被视为至关重要的，人类活动应当顺应自然规律，以达到"天人合一"的理想状态。这种思想在社会主义核心价值观中得到体现，即"文明、和谐"的理念。这一理念强调在发展过程中。应注重生态环境的保护与可持续发展，实现人与自然的和谐共生。其次，从社会层面来看，我们追求"自由、平等、公正、法治"的价值理念，旨在构建一个民主法治、公平公正、充满活力、安定有序的和谐社会。这一理念是对儒家思想中强调社会和谐、重视公平正义等思想精华的吸收和借鉴。儒家思想主张人与人之间的和谐相处，强调道德伦理和社会秩序的重要性，这种思想对于我们当今社会的发展仍然具有重要的指导意义。最后，从公民层面看，社会主义核心价值观所倡导的"爱国、敬业、诚信、友善"，与儒家思想中"天下兴亡、匹夫有责""民无信则不立""老吾老，以及人之老，幼吾幼，以及人之幼"等理念是一致的。这些价值观念都强调个体在社会中的责任与义务，以及人与人之间的和谐关系。可见，社会主义核心价值观深深根植于中华传统文化这片深厚的土壤中，并汲取和合文化的思想精髓。这些价值观不仅传承中华文化的优秀传统，而且对于培养现代公民的道德品质、推动社会的和谐发展具有重要的指导意义。

四、和合思想为构建人类命运共同体提供价值支撑

由于自然环境和语言的不同，世界上各地区、各民族间的文化信仰存在

差异，从而孕育了文化的多样性。这种多样性导致人与人之间的交往行为、实践认识活动，以及思维方式存在差异。在构建人类命运共同体的过程中，如何实现人与人之间的和谐相处成为首要解决的问题。中华传统文化崇尚和合共生，主张"和而不同"，实现多元文化的和谐共生。这一理念中的"和"代表和平与和睦，是处理人际关系、人与自然、人与社会的基本价值观念和行为准则；而"合"则强调多元和谐和异质包容，是实现"和"理念的具体路径。和合思想作为中华优秀传统文化思想的核心理念，对于维护人与人之间的和谐交往具有独特的辩证智慧，为和平解决人际关系中的矛盾与差异提供重要的指导原则。

在当今世界，人类面临众多挑战和风险，这些挑战和风险层出不穷，日益增多。例如，贸易保护、资源封锁等"逆全球化"现象，给世界的和平与发展带来诸多障碍。面对全球化过程中出现的这些困境与安全威胁，中华优秀传统文化思想中的和合理念为解决当今人类面临的一系列矛盾和问题提供了一种新思路。《中庸》说，"和也者，天下之达道也"，把"和"作为通达天下之"道"，当今人类所面临的困境并不是靠某一个发达国家或地区就能解决的，人类是休戚与共、风雨同舟的命运共同体，战胜危机的人间正道唯有互相支持、团结合作。

党的十八大以来，习近平总书记一直关注人类历史的发展潮流，并从中国自身的历史经验和文化传承中汲取智慧。他多次强调，中国要积极推动构建人类命运共同体，促进全球治理体系变革，为世界和平与发展贡献中国智慧。中华优秀的和合文化蕴含丰富的思想内涵，包括"以和为贵"的交往观、"天人合一"的生态观、"和而不同"的价值观、"协和万邦"的政治观等。这些思想不仅为构建人类命运共同体提供丰厚的智慧滋养，也是人类命运共同体理念的重要历史渊源。这一理念强调在全球化进程中，各国应相互尊重、平等合作，共同应对全球性挑战，实现共同发展与繁荣。

构建人类命运共同体，展现中国将自身发展与世界发展相统一的全球视野、博大胸怀和大国担当。这一理念将和合思想与中国具体国情、中国特色社会主义现代化建设的实践，以及全人类的前途命运相结合，为中国特色社会主义现代化建设及全球治理提供独特的智慧，进一步丰富和合文化的内涵，拓宽其时代意义，彰显中国文化胸怀天下的世界情怀和大国担当。

第五章

家国思想及其当代价值

　　家国思想是中华儿女对于国家、民族和文化认同的情感基石，它体现人们对家庭和国家的深情厚谊和关注。作为中华优秀传统文化思想的核心价值理念之一，家国思想起源于家庭血缘亲情，通过家庭与国家同构的政治结构，将个人对家庭的责任感与对自己国家和民族的认同感相结合，形成独特的文化传统和价值观念。该思想强调个人修身、珍视亲情、关心天下大事，同时融合行孝尽忠、民族精神、爱国主义、乡土观念及"天下为公"等多元价值理念，共同构成中华儿女对家庭、国家和民族的情感与认同。"天下兴亡，匹夫有责"和"取义成仁，毁家纾难"等家国情怀观念，早已深植于中华儿女的基因里。这些理念共同构成中华儿女对家庭、民族与国家的情感与认同，为中华优秀文化思想的传承与发展提供坚实的思想基础。

　　家国思想是中华民族的传统美德，在我国五千多年的社会文明进程中，一直是生生不息，不断发扬光大而且历久弥新。在现代社会，家国思想仍然具有重要的意义。它有助于增强民族凝聚力，促进国家和民族的团结和发展。同时，它也有助于增强公民意识，促进社会的和谐稳定。家国思想，作为中华文明长期延续的观念基础，构成中华传统文化不可或缺的一部分。这一思想的形成，既受传统道德观念的深刻影响，也与古代中国的地理环境及独特的生产方式紧密相连。通过回顾家国思想的形成过程，我们应深入探索和理解家国思想的当代价值，积极继承并发扬家国思想这一宝贵的文化，为中华优秀传统文化思想的创新和发展提供更多的启示与借鉴。

第一节　家国思想的起源及发展

　　家国思想是在中国传统政治、经济、文化、心理等多种因素的共同作用下形成的。在中华传统文化中，家庭和国家占据至关重要的地位，两者之间存在紧密的联系和相互依存的关系。在政治领域，中国历史上存在以家庭为基础的政治结构，如宗法制等。这种政治结构强调家庭与国家的同构性，即家庭和国家在组织结构和管理方式上都有相似之处。在这样的政治结构下，家庭和谐与国家稳定息息相关，因此家国情怀逐渐成为人们普遍的追求和信仰。这一思想强调个人对家庭和社会的责任感，以及对自己国家和民族的认同。在经济层面，中国传统的农业经济是以家庭为单位进行生产和分配的，这种模式强调家庭成员间的合作与互助，成为古代小农经济的关键因素。这种小农经济模式强化了家庭成员间的情感纽带和相互依赖，使人们更加重视家庭观念和家国情怀。因此，家国思想在经济生活中的体现，不仅限于家庭经济的繁荣，更延伸至国家经济的稳定与发展。在文化方面，中国传统文化强调"家国一体""家国同构"等理念，这些理念都强调家庭和国家的紧密联系和相互依存的关系。同时，中华传统文化还强调仁爱、孝道等价值观，这些价值观也都与家庭观念和家国情怀密切相关。在心理方面，中国人普遍存在对家庭和国家的深厚情感和认同感。这种情感和认同感来自人们对家庭和国家的归属感和依赖感，以及对自己作为一个中国人身份的认同感。这种心理因素使人们更加注重家国情怀，并以此为指导来处理自己与家庭和国家之间的关系。总之，家国思想是在中国特有的政治、经济、文化、心理等多种因素下产生的，它体现中华传统文化中家庭与国家之间的紧密联系和相互依存的关系，是增强民族凝聚力、建设幸福家庭、提高公民意识等方面的重要价值理念。因此，家国思想的形成从根源上来看，有着深厚的历史渊源。

在原始社会时期，由于生产力水平低下，人们主要以打猎和采摘为生，经常面临"人民少而禽兽众，人民不胜禽兽虫蛇"❶的情况，加上无法预知的恶劣自然天气所造成的灾害，人们的生命安全和正常生活无法得到的保障。在长期的生产实践中，人类深刻认识到只有通过群居生活，并且要有能力出众的部落首领的带领才能够更好适应艰苦的生活。在原始社会时期，由于商品生产和交换的需求较低，加之受到自然环境的限制，人员之间的流动很小，这使以血缘关系为基础的共同体形成，这就是家庭观念形成的雏形，并决定以家为底的伦理思想和价值观念的形成。自中华文明起源以来，家国思想的文化"胎记"就开始萌芽并不断丰富发展。在《山海经》《吕氏春秋》等著作中就出现了家国思想的萌芽。例如，女娲补天的故事通过神话传说的形式，将原始的家国思想具体化、形象化，让人们更容易理解和接受。女娲用自己的身体和智慧修补了天地，保护了人类和其他生灵，这种自我牺牲和奉献精神也是家国情怀的重要组成部分。后羿射日和大禹治水等故事体现对于集体、社会的责任感和担当精神，让人们感受到个人对于家庭、家族和国家的责任和使命。纵观中国古代的神话传说，可以看到一种原始而朴素的家国情怀始终贯穿其中。人们因生存的需要而聚集在一起，形成以血缘关系为基础的集体。在面对生存和自然灾害的挑战时，部落的酋长作为家庭的大家长，带领整个集体共同克服困难、改造世界。这种团结互助的精神，蕴含着中华民族共同体的原始形态，也是家国思想在早期形成的萌芽。

在中国人的精神世界和文化传统中，个人与社会、家庭与国家存在紧密的联系。中国传统社会得以维系的基础是血亲关系，这种关系构成家庭的核心。随着时间的推移，逐渐以自然血亲构成家庭，家庭又扩展为宗法家族，在宗法制和封建制的约束下，家族权力得到强化，甚至异化为政治权力。这种君君臣臣、父父子子的社会形态最终演变成"血缘—文化—政治共同体"。

---

❶ 王先慎.《韩非子》集解 [M].北京：中华书局，2014：483.

这一模式带有明显的"家国同构"的特征，在这里个人的身份和地位不仅取决于血缘关系，还受文化和政治因素的影响。这种血缘关系和政治关系联结的特征，使中国的社会结构具有家庭和国家的双重性质。在家庭层面，以血缘关系为基础，人们形成父子、夫妻、兄弟等基本家庭关系，这些关系构成家庭生活的基础。同时，在国家层面，以宗法制和封建制为基础，人们形成君臣、上下、左右等基本政治关系，这些关系构成国家政治的基础。这种"家国同构"的特征使中国社会结构具有家庭和国家的双重性质，它不仅塑造中国文化的价值观和信仰体系，也塑造中国文化的独特特征。这种社会形态在中国历史上持续数千年，对中国社会的结构、价值观和行为方式产生深远的影响。

"家国同构"的实质是"忠孝合一"，《国语·晋语一》有云："孝、敬、忠、贞，君父之所安也。"A 在中华传统文化中，家庭和国家的利益被视为紧密相连，在"忠孝合一"的观念下，人们认为家庭和国家的利益是相互促进的。一个人在家庭中尽孝道和对父母的尊敬，不仅有利于家庭的和睦和稳定，也有利于培养他对国家的忠诚感和对社会的责任感。同样，一个人在国家政治生活中表现出忠诚和对国家的贞操，也有利于维护社会的稳定和促进家庭的和睦。

这一时期虽然有了"家国同构"思想的雏形，但实际上在夏商周时期的很长一段时间里，人们的观念里家大于国。在这个时期，家庭是社会的基本单位，家庭的权利和利益被视为最重要的。同时，政治权力也往往以家族为单位进行分配和行使，家族的利益往往与国家的利益重叠。因此，在人们的观念中，家庭和家族的利益被视为高于国家的利益。然而，随着时间的推移，人们的观念逐渐发生变化。尤其是在春秋战国时期，随着诸侯国的崛起和独立，国家的利益逐渐被视为高于家庭的利益。在这个时期，人们开始强调国家的统一和强大，而家庭的利益则被视为国家的利益的一部分。这种观念的变化反映社会结构的变化和国家权力的增强。

---

❶　国语 [M]. 陈桐生，译注. 北京：中华书局，2013：286.

随着秦国平定诸侯、统一六国，建立了中国历史上第一个统一的中央集权的封建王朝，郡县制代替了分封制。在秦始皇统一文字、度量衡后，社会价值逐渐从"父高于君"，变成了"君高于父"，人们开始意识到国家的重要性，国家意识逐渐树立起来。中国人的心里不仅把家看得重要，更是把国的观念树立了起来，真正开始建立起家国思想。这一思想在随后大一统的封建王朝里逐渐加强。

直至明清时期，早期启蒙思想产生，个体意识和自觉意识开始觉醒并冲击了封建伦理纲常的束缚。李贽的《焚书》和《藏书》等作品，反对封建礼教对个体的束缚，提倡个体的自由和独立思考。黄宗羲的《明儒学案》和《明夷待访录》等作品，强调个体的权利和自由，反对封建专制统治的弊端。顾炎武在区分国和天下时，强调天下的概念。他认为，国是指一个具体的政治实体，即一个国家的政府和领土，而天下则是指整个世界，是人类生活的全部领域。因此，他主张要超越国界的限制，以天下的视角看待世界，关注整个人类的福祉。尤其近代"三千年未有之大变局"出现后，西方近代思想的传入对中国传统的家国思想产生深远的影响。随着五四新文化运动的影响，中国传统"家国天下"的德性文明受到冲击，发生家与国、国与天下的断裂。随着西方启蒙思想的传入，人们重新思考家、国、民族的定义和关系，传统的"王朝国家"向"民族国家"转变。

第二节　家国思想的主要内容

天下之本在国，国之本在家。家国思想是中华优秀传统文化的主要内容，它强调家庭、家族和国家之间的相互关系和影响。这种思想建立在血缘伦理基础之上，认为家庭和家族是国家的缩影，而国家则是家庭和家族的延伸。家国情怀作为一种自觉的社会意识形态，其概念、范畴、主题都相对稳定，主要是力图构建个人、家庭、国家之间的和谐关系，并以此为基础构建一个稳定的共同体。梳理中国历史的发展过程可以看出，家国思想的内涵始终围绕"家国同构"的政治理念、忠孝两全的道德规范、修齐治平的人生路径等理念展开。

一、家国思想蕴涵"家国同构"的政治理念

"家国同构"，意味着家庭、家族和国家的结构在本质上是一致的。它们均以血缘宗法关系为基础，形成一种严格的父权家长制。这种家长制体现血缘关系与政治关系的紧密融合。在中国的传统文化中，家庭、家族和国家都被视为一种由亲属关系和权力关系交织而成的组织结构。在这种结构中，亲属关系是基础，而权力关系则是其延伸。"家国同构"的理念强调家庭、家族和国家的相互联系和影响，以及个人在其中的责任和义务。

钱穆曾说过："中国文化，全部从家族观念上筑起。"[1] "由家庭而家族，再集合为宗族，组成社会，进而构成国家。"[2] 由此可见，国家是由家庭发展而来，中国传统社会的"家国同构"理念，正是基于家庭观念的延伸。系统论述"家国同构"思想的是先秦的儒家，儒家经典《大学》中提出"修身、齐家、治国、平天下"的理念，这一理念将家庭、国家、天下视为一个有机整体。它强调个人修养与家庭治理对于国家与天下的稳定和繁荣的重要性。"家国同构"其思想最早可追溯至西周宗法制度。周武王灭商后，为了巩固自身的统治，采取了分封制。该制度确立嫡长子继承制度并分封同姓子弟土地。在西周时期，宗法政治与血缘关系紧密相连，这种纵向上由嫡长子继承君权、横向上"天子建国"和"诸侯立家"的方式，通过族权和政权的结合，建立一个稳定的封建制国家。周天子作为天下的君王，统领全国官员，同时扮演大家族的父亲角色。这种君权与父权的结合，使得官员臣子对

---

[1] 钱穆. 中国文化史导论 [M]. 北京：商务印书馆，1994：51.

[2] 胡发贵. 儒家文化与爱国传统 [M]. 上海：上海社会科学出版社，1998：55.

天子的"孝"转化为对天下的"忠"。通过这种"家天下"的组织形式，西周社会实现最大限度的凝聚。值得注意的是，这一时期的"家"和"国"是纠缠在一起的。此时的"家"，既是指周天子分封的各诸侯国，也指"国"，"家"和"国"的治理和结构深深地纠缠在一起，形成"家天下"的模式。"率土之滨，莫非王土；四海之内，莫非王臣"。这种"家天下"的模式深深渗透到西周的政治和社会结构中，使家庭和国家成为一个不可分割的整体。在这个系统中，家庭的和谐与国家的稳定紧密相连，个人的命运也与整个国家的命运息息相关。这种以血缘关系联结起来的政治组织，其组织结构也依靠血缘关系的亲疏来划分等级，确定权利和义务。因此，西周宗法制下的家国治理模式，为后世的"家国同构"思想提供非常丰富的文化资源。

"家国同构"的实质在于强调家庭和国家之间的关系，即家庭、家族和国家在组织结构上的共同性。这种共同性主要体现在血亲－宗法关系和父权家长制。血亲－宗法关系将家庭、家族和国家串联在一起，形成一个以血缘关系为基础的权力结构。在这个结构中，家长或族长通常拥有最高的权力，他们不仅对家庭或家族的成员有支配权，也对国家或社会的公共事务有影响力。在家庭和家族中，父亲的地位通常是最高的，他拥有对家庭成员的支配权。同样，在国家中，最高统治者也拥有对整个国家的支配权。这种权力结构使父亲或家长不仅是家庭和家族的统治者，也是国家和社会的重要支柱。这两种关系的互动形成血缘关系与政治关系的融合，从而有效维护了封建统治。在家庭和家族中，血缘关系是权力分配的基础，也是维系家族成员之间纽带的重要因素。在国家中，政治权力则通过血缘关系来分配和传承。这种融合使家庭、家族和国家在组织结构上具有高度的一致性。在以血缘关系为基础的家庭和家族中，成员之间的关系是相对稳定的，因为他们的权力、地位和财富都与血缘关系密切相关。同样，在国家中，以血缘关系为基础的政治权力分配也有助于维护社会的稳定。这种社会秩序的形成在一定程度上是由"家国同构"的政治理念所决定的。"家国同构"是中国封建社会所特有的文化现象，它体现中华传统文化中家庭、家族和国家之间的紧密联系和相互影响。这种观念在一定程度上塑造了中国传统社会道德规范和社会秩序，并对中国的人文品格和历史发展产生深远的影响。

这种以血亲 – 宗法关系为基础的"家国同构"模式强化了家庭和国家之间的相互依赖关系，使个人对家庭和国家的责任感更加强烈。但是，"家国同构"容易导致个人和家庭在国家中的地位被忽视。在家庭和国家的关系中，家庭往往被视为国家的附属品，而个人的权利和利益往往被置于次要地位，这在一定程度上限制了个人的自由和发展，制约了个人的创造力和创新精神。同时，"家国同构"强化等级观念，将社会分为不同的等级和层次。这种观念容易强化人们的等级意识，导致社会的不平等和不公正。

二、家国思想蕴涵忠孝两全的道德规范

由于家国思想体现血缘关系和政治关系的紧密融合，因此家国思想具有爱家爱国的情感追求和精神力量。"家国同构"的政治理念蕴含由家及国、由国至家的融通关系，在现实生活中体现"为家尽孝、为国尽忠"的伦理规范。这种伦理规范，既强调个人的家庭责任和国家责任，也强调家庭与国家的紧密联系。在中国的传统文化中，家国思想被视为一种重要的道德观念。因此，家国思想具有一种爱家爱国的情感追求和精神力量，这种力量能够激发人们为家尽孝、为国尽忠的伦理规范。在"家国同构"的政治理念下，家庭和国家的利益被视为一体。这种理念既体现血缘关系和政治关系的紧密融合，也体现个人利益和集体利益的统一。

在中华传统文化中，忠孝被认为是道德的最高标准，也是个人行为的根本准则。这一思想源于儒家经典《孝经》中的一句话："夫孝，始于事亲，中于事君，终于立身。"这句话表明了孝道与忠诚之间的紧密联系，以及家庭和国家的相互依存关系。忠孝两全的理念在中华传统文化中具有重要地位。它强调个人对家庭和国家的责任和义务，体现家庭和国家的紧密联系和相互依存关系。家庭是国家的基石，国家则是家庭的保障和依靠。只有家庭

和谐稳定，国家才能繁荣昌盛；只有国家强大富强，家庭才能幸福安康。这一理念在中国的历史、文化和政治中都产生了深远的影响。

在历史上，忠孝两全的思想一直是儒家伦理的重要组成部分。儒家强调个人的道德修养和社会责任，认为一个人应该同时尽孝道和对国家尽忠诚。这种思想在中国古代社会中得到广泛的传播和认同，成为一种普遍的道德标准。孔子认为，"孝弟也者，其为仁之本与"❶，孝乃人生之根本，是一切道德规范的基石。孟子继承孔子的孝悌思想，"教以人伦，父子有亲，君臣有义，夫妇有别，长幼有序，朋友有信"❷，进一步强调家庭伦理对于社会的重要性。孟子认为孝悌思想是治国理政的基础，强调"孝"在人伦品德中的优先地位。总的来说，儒家的忠孝理念强调家庭伦理和社会道德的紧密联系，以及孝道对于个人品德和国家治理的重要性。他们认为，"孝"是一切道德规范的基石，是做人做事的基础。只有当每个人都能尽心尽力地孝顺父母，才能建立一个稳定、和谐的社会。

这一思想也深深影响中国古代的政治和社会结构。在政治上，忠孝两全的理念鼓励人们将个人的道德行为与国家利益相结合，强调个人的责任和义务，为社会稳定和政治统一提供思想基础。在社会结构上，忠孝两全的思想促进了家庭和社会的团结与和谐，使人们更加注重家庭伦理和社会道德，促进了社会的稳定和发展。

此外，家国思想还蕴含深刻的哲学内涵，它强调个人、家庭、社会、国家四者的紧密联系。这一思想认为个人的道德行为与社会稳定、国家富强是相互促进、相互依存的。只有个人在家庭中尽到孝道和忠诚，才能在社会中尽到责任和义务，最终实现个人的价值和社会的进步。同时，家国思想还蕴含儒家修齐治平的理念，即通过个体的修养，达到家庭的和谐，进一步实现社会的安定与国家的强盛。

---

❶ 《论语》译注 [M]. 杨伯峻，译注. 北京：中华书局，2006：2.

❷ 孟子 [M]. 方勇，译注. 北京：中华书局，2010：96.

第三节　家国思想的当代价值

一、家国思想有助于强化国家认同感

家国思想深深植根于人们对家庭和国家的深厚情感，构成中国伦理的重要维度。这一思想既连接着传统的"修身、齐家、治国、平天下"的理念，也与当今社会、民族、国家问题紧密相联。这一思想强调个人与家庭、家庭与国家的紧密联系，这种联系有助于强化人们对国家的认同感、塑造出深沉的爱国情怀。在当代社会，强调国家认同感对于维护国家安全和稳定、实现中华民族伟大复兴具有重要的意义。

首先，家国思想强调个人、家庭与国家的紧密联系，认为家是社会的细胞，国是维护家的外部屏障，这种理念有助于强化人们对国家的归属感和认同感。当今社会，随着全球化的加速和各国之间的相互依存加深，人们接触的信息越来越复杂，对传统文化的认同感造成干扰和冲击。因此，家国思想中的国家认同感，在维护国家安全与稳定方面发挥着日益重要的作用。通过强调个人与家庭、家庭与国家的紧密联系，能够增强人们对本国文化的理解和支持，进一步激发人们对本民族和国家的热爱和认同。这种情感纽带能够显著提高国家的凝聚力和向心力，为国家的发展和繁荣提供强大的精神动力。

其次，家国思想所衍生的国家认同感对于促进国家繁荣和发展具有积极意义。这种认同感可以激发人们的积极性和创造力，更加自觉自愿地加入社会主义建设中来，使国家更具竞争力和活力。社会主义国家的繁荣和发展、中华民族伟大复兴需要广泛的社会参与和群众支持，只有当人们认同国家的利益和发展方向时，才能形成合力，共同推动国家的发展和强大。此外，家国思想对当代社会国家认同感的强化也具有丰富的学术价值。家国思想作为中国古代哲学中的重要思想之一，蕴含丰富的理论价值和实践价值，对当代爱国主义思想和民族凝聚力的研究具有重要的意义。通过对中华优秀传统文化中家国思想的深入研究，可以更加全面地理解中国古代文化的精髓和价值观，为国家的统一和中华民族共同体的建设提供有益的启示和借鉴。

二、家国思想有助于培养爱国主义精神

中华传统文化理念具有强烈的爱国主义情怀，家是最小国，国是千万家，这一理念已经深深嵌入中华儿女的心中。家国思想所倡导的人们热爱家庭、热爱国家的理念，有助于培养人们的爱国主义精神。正是在爱国主义精神的感召下，中国人民才能够在近代列强的欺侮中团结一心，不怕艰险，众志成城并最终取得胜利。

在当代社会，家国思想是推动国家发展和民族进步的重要力量，有助于培养人们的爱国主义精神，也是提高国民素质的重要内容和途径。首先，家国思想的核心是倡导人们对家庭和国家的热爱，这有助于培养人们的爱国主义精神。在当前的国际形势下，爱国主义精神是推动国家发展和民族进步的关键驱动力。家国思想通过强调对家庭和国家的热爱，激发人们的爱国热情和民族自豪感，使人们更加关注国家的整体利益和长远发展，更加积极地投身于国家建设和发展的事业中。其次，家国思想在培养爱国主义精神方面扮演着至关重要的角色，这也是提升国民素质和塑造优秀品德的重要途径。爱国主义精神，作为一种崇高的情感和价值观，涵盖责任感、奉献精神及团结协作等优秀品质。在家国思想的引导下，人们能够更深入地认识到自身的责任和使命，从而培养积极向上、勤奋进取的品质。这一过程有助于激发人们为社会主义国家建设而奋斗的情怀，进一步增强为实现中华民族伟大复兴而努力的责任感。

此外，家国思想不仅有助于帮助人们理解自身的文化根源，培养爱国主义情操，而且还有助于促进跨文化交流和学术合作。在不同的国家和

文化中，爱国主义精神的表现形式和内涵可能存在差异，但其实质是一致的，核心是对于国家和人民的深厚感情和责任。通过研究和探讨家国思想中的爱国主义精神，可以更深入地理解不同文化之间的差异和共性，为跨文化交流和学术合作提供有益的启示和借鉴。这种跨文化的交流与合作，有助于更好地理解和尊重彼此的文化差异，进一步推动全球文化的交流与融合。

三、家国思想为实现中国梦凝聚强大精神伟力

中华民族伟大复兴的中国梦需要扎根于中华优秀传统文化的根底，弘扬家国思想，将家庭、民族和国家的利益统一成一个有机的整体。家国思想是中华优秀传统文化的重要组成部分，其核心理念在于强调家庭、民族和国家的紧密联系和有机统一。弘扬家国思想，将家庭、民族和国家的利益统一成一个有机的整体，有助于最有效地调动广大人民群众对家庭和国家的建设，对于实现中华民族伟大复兴具有重要意义。

家国思想是中华民族最重要的精神标识，它代表人们的道德观、价值观和世界观，体现民族对于家庭与国家的独特理解和深厚情感。家是最小国，国是千万家，家庭是国家繁荣兴盛的基础，国家是实现个人自身权利的基本保障，家国思想将个人、家庭与国家命运紧紧地联系在一起。家庭是国家繁荣兴盛的基础，一个和谐稳定的家庭能够培养出健康向上、有责任心的社会成员，为社会注入活力和创造力。国家是实现个人自身权利的基本保障，国家的存在和发展为个人的成长提供广阔的空间和丰富的资源。国家通过制定和执行法律法规，保障公民的基本权利和自由，维护社会的公平正义。国家的繁荣和强大为个人的发展提供更多的机会和条件，让个人能够在公平竞争中展示自己的才能和实力。家国同心，心系天下的情怀是中华优秀传统文化生生不息的重要基因。国家富强、民族复兴、人民生活富裕是每个中国人的梦想。尤其是经历过近代的国家蒙辱、人民蒙难、文明蒙羞，家国思想被空

前地激发出来。面对艰难困苦，中国人民紧密地团结在一起，在中国共产党的带领下经历了新民主主义革命和社会主义革命，实现了中华民族站起来、富起来、强起来的伟大飞跃。这一历史进程，充分展现家国思想在凝聚民族力量、推动国家进步中的重要作用。

因此，家国思想是实现中华民族伟大复兴、实现亿万人民中国梦的强大精神动力。党的十九大报告指出，中国特色社会主义进入新时代"意味着近代以来久经磨难的中华民族迎来了从站起来、富起来到强起来的伟大飞跃，迎来了实现中华民族伟大复兴的光明前景"。这个重要论断表明当前中国特色社会主义的发展已经比历史上任何时候都接近中华民族伟大复兴。这是百年来中华儿女的梦想和使命，也是当前我们面临的重大机遇和挑战。当前世界面临"百年未有之大变局"，全球政治、经济、科技等领域正在经历深刻的变革。新兴经济体的崛起、全球化进程的加速、科技革命的推进等，都使得国际格局和力量对比发生了深刻变化。同时，国际关系也面临诸多挑战，如贸易保护主义、地缘政治紧张、气候变化等，这些问题都需要各国加强合作，共同应对。我国正处于全面建成社会主义现代化强国的关键时期，经济转型升级、社会治理创新、生态文明建设等任务艰巨而紧迫。同时，我国也面临一些内部挑战，如人口老龄化、城乡发展不平衡、环境污染等问题，这些问题都需要我们加强改革和创新，推动经济社会全面发展。面对复杂多变的国内外形势，全国各族人民只有团结一心，怀揣为国家和民族而崛起的奋斗情怀，为中国特色社会主义建设添砖加瓦。我们要深入挖掘中华优秀传统文化的精髓，传承和发扬中华民族的优良传统，大力弘扬家国情怀，凝聚全民族的共识和力量。同时，注重培养人们的爱国情感和民族精神，激发爱国热情和奋斗精神，从而为实现中华民族伟大复兴贡献自己的力量。

四、家国思想是新时代追求美好生活的精神向导

随着中国特色社会主义进入新时代，社会主要矛盾已经转化为人民日

益增长的美好生活需要和不平衡不充分的发展之间的矛盾。这一转变预示我国稳定解决了十几亿人的温饱问题，全面建成小康社会。人民对美好生活的需要意味着不仅对物质文化生活提出更高要求，而且在精神层面，如民主、法治、公平、正义、气候、环境等方面的要求日益增长。这是社会发展的必然趋势，也是社会主义国家优越性的必然要求。家国思想不仅是一个政治概念，更是一种朴素的爱国爱家的情怀。为家人谋幸福、为社会作贡献，是家国思想最朴素最直接的感情，也是新时代追求美好生活的行动指南。

家国思想不仅是对家庭、国家的热爱，更代表对个人价值的积极追求。在新的时代背景下，我们每个人都应该树立正确的价值观，将个人价值的实现与家庭、国家的繁荣富强紧密联系在一起。爱国与爱家、建设国家与建设家庭，相互依托、相互促进、共同发展。只有这样，才能真正实现个人价值，为社会的发展和进步贡献自己的力量。家国思想这个词听起来很神圣，但实际上，它就在我们每一个人的一言一行之中。爱岗敬业是家国思想，奉献牺牲是家国思想，恪守道德同样也是家国思想的体现。"国"与"家"交融不但实现了个人价值，更是推动着社会价值的实现和完善，并不断丰富人们更深层次的精神追求和价值导向，成为实现个人价值和推动社会进步的重要动力。

五、家国思想对当代国家治理现代化提供借鉴意义

家国思想历经数千年演变，内涵不断丰富和完善，形成关于国家制度和国家治理的丰富思想。学习这些思想智慧，可以为坚持和完善中国特色社会主义制度、推进国家治理体系和治理能力现代化提供有益借鉴。

家国思想强调家庭治理和国家治理的有机统一，这对于推动国家治理现代化提供有益的借鉴。在当代社会，国家治理现代化是国家发展和进步的重要保障，也是提高国家治理能力和水平的重要途径。首先，家国思想强调家

庭治理和国家治理的有机统一，认为家庭治理是国家治理的基础，国家治理则是家庭治理的延伸和保障。这种思想理念与现代社会倡导的"社会共治"理念相契合，即强调社会各方共同参与、协同治理，形成有效的治理机制和治理模式。其次，家国思想所强调的家庭和国家之间的紧密联系，有助于推动国家治理体系和治理能力现代化。在当代社会，国家治理体系和治理能力现代化是国家发展和进步的重要保障，也是提高国家治理能力和水平的重要途径。家国思想所强调的家庭和谐、家庭伦理、家庭教育等理念，可以为国家治理体系和治理能力现代化提供有益的思路和方法。此外，家国思想所强调的道德修养和社会责任感，有助于提高人们的素质和能力，为国家治理提供有力的人才保障。在当代社会，人才是推动国家发展和进步的重要力量，也是提高国家治理能力和水平的关键因素。家国思想所强调的道德修养和社会责任感，可以激发人们的积极性和创造力，为国家治理提供有力的人才保障。

然而，传统意义上家国思想的国家治理模式呈现"家国同构"的特点，其中"家"与"国"是最重要的两个主体，这是明显的"家国二元一体"的治理模式。在这一模式中，个人处于绝对服从地位，而且"家"与"国"的关系也并非并列的，"家"是从属于"国"的。在传统的家国思想中，血缘等级关系在家庭内部被模拟并扩大到国家的政治统治关系中。国家治理被视为家庭秩序的延伸，国家规范则被视为道德伦理的推广。因此，在传统的"家国同构"模式的政治社会结构中，社会治理更多停留在官治、人治和刑治。家国思想更加注重血亲宗法，在这种社会结构里，很难依靠法律实现平等。

而现代国家是以工商业文明为主导的、以社会为基础、以个人权利为核心的法治治理结构，其中国家、社会和个人是同等重要、不可或缺的三个主体，形成典型的国家、社会和个人的三元治理结构。在这个现代化家国思想中，国家、社会和个人的关系抛弃了传统的服从关系，形成了相辅相成、相互支撑并相互制衡的关系。在这个三元一体的结构中，个人和国家的内涵和意义都发生了改变，个人必须遵守国家法律和社会公约，而国家必须尊重和保障公民个体的权利和利益，并给予社会自我治理和自我发展的空间。最终，在国家、社会和个人的三元主体结构上，以法治的方式实现国家治理的现代化。传统"家国同构"的治理模式延续几千年后在社会主义现代化过程中实现升华。

总之，家国思想在当代社会依然具有重要的价值。它为我们提供深入理解家庭治理与国家治理关系的独特视角，为现代国家治理体系和治理能力的现代化提供富有洞见的思路和方法，对国家的繁荣和发展具有显著的推动作用。同时，家国思想在强化国家认同感、培育爱国主义精神、推进和谐社会建设、增强文化自信，以及推动国家治理现代化等方面都发挥着积极的作用。

后　记

近年来，传统文化受到广泛的关注，不仅在学术界成为研究的热点，更受到广大人民群众的关注。尤其是党的十八大以来，习近平总书记多次强调中华优秀传统文化的深远影响和重大意义。他指出，中华优秀传统文化是中华民族的"灵魂之源"，是我们立足于世界文化之林的"稳固基石"。这一重要论述，不仅提升了中华优秀传统文化的地位，更为我们深入挖掘和传承这一宝贵文化遗产提供了明确的指引。尽管许多学者已经对这一问题进行了深入的探讨和研究，并取得了丰硕的成果，但中华优秀传统文化思想的历史渊源、当代价值及其与马克思主义、中国特色社会主义之间的内在联系仍然是学术界热议的焦点。

笔者在攻读博士学位研究生期间的研究方向是文化自信，因此希望能够对中华优秀传统文化的当代价值进行深入挖掘和整理，在传统和现代之间架起一座桥梁，使中华优秀传统文化的精髓能够与现代社会的需求相契合，为当代社会的发展提供有力的文化支撑。

传统文化与现代社会之间的关系可以说是近代以来国人一直在思考和探讨的一个问题。并且随着时间的推移，人们对这一问题的认识也不断深化。作为研究者，我们深知中华优秀传统文化思想的传承和发展是一个长期而艰巨的任务。希望这部著作能够为中华优秀传统文化的现代化转型和创造性转化提供有益的思路和借鉴。同时，也希望通过这部著作能够让更多的人了解和认识中华优秀传统文化思想，从而更好地传承和发扬这些宝贵的文化遗产。由于中华传统文化历史悠久，内容丰富多样，既有与现代社会相适应的一面，也有相排斥的一面。因此，本书将研究主题限定在中华优秀传统文化这一主题词范围内，秉持客观、严谨的学术态度，以现代理念审视传统文化，同时又以传统文化指引现代思维。本书将聚焦于中华优秀传统文化思想中最核心的民本思想、大同思想和合思想及家国思想，对其进行系统的梳理，并深入挖掘其当代价值。我们期望通过这一研究，为现代社会的发展提供智慧的启示，促进传统与现代的融合，推动中华文化的创造性转化和创新性发展。

关于中华优秀传统文化思想的当代价值，很多学者已经从不同角度做了探讨和研究，并且取得了丰硕的成果。这些研究给予我很多的启发和帮助，使我对中华优秀传统文化思想的研究有了一个更广阔的视野。对此，深表谢意。

感谢知识产权出版社的李小娟编辑、于晓菲编辑，正是在她们的辛勤努力下，本书才得以顺利出版。特此致谢！同时，也感谢我的导师高继文教授一直以来的悉心教导和积极鼓励！最后还要感谢我的爱人马建英老师，在我的初稿完成后给出的宝贵意见！

但是，由于本人的水平有限，本书的不足之处在所难免，敬请各位读者、专家不吝赐教、指正！

王淑贞

2024 年 1 月 26 日

参考文献

[1] 陈来 . 现代儒家哲学研究 [M]. 北京：北京大学出版社，2018.

[2] 许倬云 . 中国文化的精神 [M]. 北京：九州出版社，2018.

[3] 汤一介 . 儒学外论及外五篇 [M]. 北京：北京大学出版社，2009.

[4] 萧功秦 . 儒家文化的困境 [M]. 太原：山西人民出版社，2022.

[5] 林国标 . 中国传统文化的转化创新研究 [M]. 北京：中国社会科学出版社，2022.

[6] 陈来 . 儒家文化与民族复兴 [M]. 北京：中华书局，2020.

[7] 牟中鉴 . 中国文化的当下精神 [M]. 北京：中华书局，2016.

[8] 钱穆 . 民族与文化 [M]. 贵阳：贵州人民出版社，2019.

[9] 钱穆 . 中华文化十二讲 [M]. 贵阳：贵州人民出版社，2019.

[10] 任继愈 . 墨子与墨家 [M]. 北京：北京出版社，2016.

[11] 加润国 . 中国儒家 [M]. 北京：中国人民大学出版社，2018.

[12] 陈先达 . 中国百年变革的重大问题 [M]. 北京：人民出版社，2019.

[13] 王卡 . 道家与道教思想简史 [M]. 郑州：中州古籍出版社，2019.

[14] 胡适 . 中国思想史 [M]. 上海：华东师范大学出版社，2015.

[15] 南怀瑾 . 中国道教发展史略 [M]. 上海：复旦大学出版社，2016.

[16] 张造群 . 优秀传统文化的当代价值 [M]. 北京：中国社会科学出版社，2015.

[17] 张伟英，将月锋 . 中国传统文化的现代性转型探索 [M]. 长春：吉林出版集团股份有限公司，2021.

[18] 方尔加 . 道家思想讲演录 [M]. 北京：人民出版社，2020.

[19] 任继愈 . 中国传统文化的光明前景 [M]. 李申，周赟，编 . 上海：上海教育出版社，2020.

[20] 许倬云 . 万古江河 [M]. 长沙：湖南人民出版社，2017.

[21] 梁漱溟 . 中国文化要义 [M]. 上海：上海人民出版社，2018.

[22] 龚鹏程 . 中国传统文化十五讲 [M]. 北京：北京大学出版社，2006.

[23] 钱海 . 中国传统文化当代价值论 [M]. 贵阳：孔学堂书局，2019.

[24] 钱穆 . 历史与文化论丛 [M]. 贵阳：贵州人民出版社，2019.

[25] 汤一介 . 中国传统文化的特质 [M]. 乐黛云，杨浩，编 . 上海：上海教育出版社，2019.

[26] 陈鼓应 . 道家的人文精神 [M]. 北京：中华书局，2021.

[27] 詹石窗，谢清果 . 中国道家之精神 [M]. 上海：复旦大学出版社，2016.

[28] 李亚彬 . 中国墨家 [M]. 北京：中国人民大学出版社，2019.

[29] 费孝通 . 中国文化的重建 [M]. 上海：华东师范大学出版社，2013.

[30] 孙开泰 . 法家史话 [M]. 北京：社会科学文献出版社，2011.

[31] 汤一介 . 瞩望新轴心时代：在新世纪的哲学思考 [M]. 北京：中央编译出版社，2016.

[32] 楼宇烈 . 中国文化的根本精神 [M]. 北京：中华书局，2016.

[33] 张岱年 . 中国文化与文化争论 [M]. 北京：中国人民大学出版社，1990.

[34] 陈来 . 中华文明的核心价值观：国家流变与传统价值 [M]. 北京：生活 • 读书 • 新知 三联书店，2015.

[35] 梁启超 . 梁启超论中国文化史 [M]. 北京：商务印书馆，2012.

[36]《论语》译注 [M]. 杨伯峻，译注 . 北京：中华书局，2006.

[37] 孟子 [M]. 方勇，译注 . 北京：中华书局，2010.

[38] 荀子 [M]. 方勇，李波，译注 . 北京：中华书局，2011.

[39] 老子 [M]. 汤漳平，王朝华，译注 . 北京：中华书局，2014.

[40] 庄子 [M]. 方勇，译注 . 北京：中华书局，2010.

[41] 礼记 [M]. 胡平生，张萌，译注 . 北京：中华书局，2017.

[42] 周易 [M]. 黄寿祺，张善文，译注 . 上海：上海古籍出版社，2007.

[43] 尚书 [M]. 顾迁，译注 . 北京：中华书局，2016.